环境库兹涅茨曲线的再检验

李鹏 著

复旦大学出版社

2019·上海

校庆筹备工作领导小组

组　长：夏小和　刘晓红
副组长：潘牧天　刘　刚　关保英
　　　　胡继灵　姚建龙
成　员：高志刚　韩同兰　石其宝
　　　　张　军　郭玉生　欧阳美和
　　　　王晓宇　周　毅　赵运锋
　　　　王明华　赵　俊　叶　玮
　　　　祝耀明　蒋存耀

总　序

三十五年的峥嵘岁月，三十五载的春华秋实，转眼间，上海政法学院已经走过三十五个年头。三十五载年华，寒来暑往，风雨阳光。三十五年征程，不忘初心，砥砺前行。三十五年中，上海政法学院坚持"立足政法、服务上海、面向全国、放眼世界"，秉承"刻苦求实、开拓创新"的校训精神，走"以需育特、以特促强"的创新发展之路，努力培养德法兼修、全面发展，具有宽厚基础、实践能力、创新思维和全球视野的高素质复合型应用型人才，在中国特色社会主义法治建设征程中留下了浓墨重彩的一笔。

学校主动对接国家和社会发展重大需求，积极服务国家战略。2013年9月13日，习近平主席在上海合作组织比什凯克峰会上宣布，中方将在上海政法学院设立"中国-上海合作组织国际司法交流合作培训基地"，愿意利用这一平台为其他成员国培养司法人才。此后，2014年、2015年和2018年，习主席又分别在上合组织杜尚别峰会、乌法峰会、青岛峰会上强调了中方要依托中国-上合基地，为成员国培训司法人才。2017年，中国-上合基地被上海市人民政府列入《上海服务国家"一带一路"建设、发挥桥头堡作用行动方案》。五年来，学校充分发挥中国-上合基地的培训、智库和论坛三大功能，取得了一系列成果。

入选校庆系列丛书的三十五部作品印证了上海政法学院三十五周年的发展历程，也是中国-上海合作组织国际司法交流合作培训基地五周年的内涵提升。儒家经典《大学》开篇即倡导："大学之道，在明明德，在亲民，在止于至善。"三十五年的刻苦，在有良田美池桑竹之属的野马浜，学校历经上海法律高等专科学校、上海政法管理干部学院、上海大学法学院和上海政法学院等办学阶段。三十五年的求实，上政人孜孜不倦地奋斗在中国法治建设的道路上，为推动中国的法治文明、政治进步、经济发展、文化繁荣与社会和谐而不懈努力。三十五年的开拓，上海政法学院学科门类经历了从单一性向多元性发展的过程，形成了以法学为主干,多学科协调发展的学科体系,学科布局日臻合理,学科交叉日趋完善。三十五年的创新,在我国社会主义法治建设进程中,上海政法学院学科建设与时俱进,为国家发展、社会进步、人民福祉献上累累硕果和片片赤子心!

所谓大学者,非谓有大楼之谓也,有大师之谓也。三十五部作品,是我校学术实力的一次整体亮相,是对我校学术成就的一次重要盘点,是上政方家指点江山、激扬文字的历史见证,也是上海政法学院学科发展的厚重回声和历史积淀。上海政法学院教师展示学术风采、呈现学术思想,如一川清流、一缕阳光,为我国法治事业发展注入新时代的理想与精神。三十五部校庆系列丛书,藏诸名山,传之其人,体现了上海政法学院教师学术思想的精粹、气魄和境界。

红日初升,其道大光。迎着佘山日出的朝阳,莘莘学子承载着上政的学术灵魂和创新精神,走向社会、扎根司法、面向政法、服务社会国家。在佘山脚下这座美丽的花园学府,他们一起看情人坡上夕阳抹上夜色,一起欣赏天鹅一家漫步在上合基地河畔,一起奋斗在落日余晖下的图书馆。这里记录着他们拼搏的青春,放飞着他们心中的梦想。

《礼记·大学》曰:"古之欲明明德于天下者,先治其国。"怀着修身、齐家、治国、平天下理想的上政师生,对国家和社会始终有着强烈的责任心和使命感。他们积极践行,敢为人先,坚持奔走在法治实践第一线;他们秉持正义,传播法义,为社会进步摇旗呐喊。上政人有着同一份情怀,那就是校国情怀。无论岁月流逝,无论天南海北,他们情系母校,矢志不渝、和衷共济、奋力拼搏。"刻苦、求实、开拓、创新"的校训,既是办学理念的集中体现,也是学术精神的象征。

路漫漫其修远兮,吾将上下而求索。回顾三十五年的建校历程,我们有过成功,也经历过挫折;我们积累了宝贵的办学经验,也总结了深刻的教训。展望未来,学校在新的发展阶段,如何把握机会,实现新的跨越,将上海政法学院建设成一流的法学强校,是我们应当思考的问题,也是我们努力的方向。不断推进中国的法治建设,为国家的繁荣富强做出贡献,是上政人的光荣使命。我们有经世济民、福泽万邦的志向与情怀,未来我们依旧任重而道远。

天行健,君子以自强不息。著书立说,为往圣继绝学,推动学术传统的发展,是上政群英在学术发展上谱写的华丽篇章。

上海政法学院党委书记　夏小和教授
上海政法学院校长　刘晓红教授
2019年7月23日

前言

基于环境库兹涅茨倒 U 型(单倒 U 型)曲线理论,作者创造性地提出了环境库兹涅茨双倒 U 型曲线假说。作者从经济增长速度和产业结构调整幅度共同对环境污染物排放量产生影响的视角进行分析,从经济增长速度所带来的环境污染规模效应和产业结构调整所带来的环境污染结构效应作为分析的切入点,证明了环境库兹涅茨双倒 U 型曲线的存在性,并采用中国的校准数据进行了数据模拟检验。作者采用我国工业废水作为典型的环境污染物进行实证检验,计量回归结果证实了环境库兹涅茨双倒 U 型曲线的存在性;以美国和 OECD 国家为研究对象,采用 CO_2 作为典型环境污染物进行实证检验,计量回归结果也证实了环境库兹涅茨双倒 U 型曲线的存在性。因此,作者是世界上首位对环境库兹涅茨双倒 U 型曲线假说并进行论证的学者。

环境库兹涅茨双倒 U 型曲线的提出及论证并不是完全否定环境库兹涅茨倒 U 型(单倒 U 型)曲线理论,而且强调环境库兹涅茨双倒 U 型曲线和环境库兹涅茨倒 U 型(单倒 U 型)曲线各自成立的前提条件不同。作者认为,经济增长速度大小和产业结构调整幅度的不同会对环境污染物排放量产生差异化影响。这是导致环境库兹涅茨倒 U 型曲线出现变异的重要原因,是环境库兹涅茨曲线出现多样性形状的重要依据,也是形成环境库兹涅茨双倒 U 型曲线的重要前提。因此,环境库兹涅茨双倒 U 型曲线的提出及论证是对环境库兹涅茨倒 U 型(单倒 U 型)曲线理论的有力补充。

作者目前指出了以下三种情形会导致环境库兹涅茨双倒 U 型曲线的出现。

情形 1:在第一产业为主导向第二产业为主导转变期间,产业结构调整幅度剧烈且经济处于低速增长;在第二产业为主导向第三产业为主导转变期间,产业结构调整幅度剧烈且经济先低速增长,然后高速或中高速增加,最后低速增长,则在整个产业结构调整阶段,该国人均 GDP 与环境污染排放量之间呈双倒 U 型曲线关系。

情形2：在第一产业为主导向第二产业为主导转变期间，产业结构调整幅度剧烈且经济处于中低速增长时；在第二产业为主导向第三产业为主导转变期间，产业结构调整幅度剧烈且经济先低速增长，然后中低速增加，最后低速增长，则在整个产业结构调整阶段，该国人均GDP与环境污染排放量之间呈双倒U型曲线关系。

情形3：在第一产业为主导向第二产业为主导转变期间，产业结构调整幅度剧烈且经济处于高速或中高速增长时；在第二产业为主导向第三产业为主导转变期间，产业结构调整幅度剧烈且经济先低速增长，然后高速或中高速增加，最后低速增长，则在整个产业结构调整阶段该国人均GDP与该国环境污染排放量之间呈双倒U型曲线关系。

作者关于环境库兹涅茨双倒U型曲线的提出及论证，只是学术界对该理论研究的开始。环境库兹涅茨双倒U型曲线出现可能并不只三种情形，作者希望有更多的学者加入到这一研究领域。寻找双倒U型曲线的更多证据，是作者未来努力的方向。当然，作者的研究可能还存在一定的缺陷，还望各位专家、学者批评指正。

本序言只涉及本书的创新性内容，本书中很多的写作内容在序言中并没有提及。读者通过通读全书，才能真正领会作者的写作思路和写作内容。

在上海政法学院建校35周年之际，本书的出版得到了校领导的大力支持及科研处领导的支持，在此表示感谢。同时也要感谢复旦大学出版社的大力支持，以及谢同君编辑付出的辛勤劳动。

本书的出版也得到了上海政法学院青年科研基金项目资助的支持，项目号：2018XQN18，同时也得到了中国-上海合作组织国际司法交流合作培训基地研究基金项目的支持，项目号：18HJD029。

李　鹏

2019年9月20日于上海

目 录 CONTENTS

第一部分　环境污染的规模效应与结构效应

第一章　环境库兹涅茨倒 U 型曲线研究的文献综述 ………… 003
  第一节　我国学者关于环境库兹涅茨倒 U 型曲线研究的文献
     回顾 ……………………………………………………… 003
  第二节　国外学者关于环境库兹涅茨倒 U 型曲线研究的文献
     回顾 ……………………………………………………… 005
  第三节　本章小结 ………………………………………………… 006

第二章　环境污染的规模效应和结构性效应 …………………… 009
  第一节　经济增长速度所带来的环境污染规模效应 ………… 009
  第二节　产业结构调整所带来的环境污染的结构效应 ……… 014
  第三节　环境污染的规模效应与环境污染的结构性效应的总
     效应 ……………………………………………………… 019
  第四节　本章小结 ………………………………………………… 022

第三章　产业结构调整与环境污染排放 ………………………… 025
  第一节　文献回顾 ………………………………………………… 025
  第二节　产业结构调整与环境污染数排放理模型的构建 …… 026
  第三节　计量模型研究设计 ……………………………………… 033
  第四节　本章小结 ………………………………………………… 036

第四章　产业结构调整有利于碳排放的减少吗？ …… 037
第一节　文献回顾 …… 037
第二节　理论模型 …… 038
第三节　计量模型研究设计 …… 040
第四节　本章小结 …… 046

第五章　进口商品结构与环境污染排放关系的研究
——基于金砖国家面板数据的实证分析 …… 047
第一节　引言 …… 047
第二节　进口商品结构与环境污染排放关系的数理模型 …… 048
第三节　计量模型研究设计 …… 051
第四节　本章小结 …… 055

第二部分　中国环境库兹涅茨倒 U 型曲线的再检验

第六章　中国的环境库兹涅茨倒 U 型曲线一定成立吗 …… 059
第一节　文献回顾 …… 059
第二节　计量模型研究设计 …… 060
第三节　线型、倒 U 型、波浪型环境库兹涅茨曲线存在的影响机制分析 …… 068
第四节　一个校准分析 …… 074
第五节　本章小结 …… 094

第七章　经济新常态特征下的环境库兹涅茨倒 U 型曲线检验
——基于 CGE 模型的分析 …… 096
第一节　引言 …… 096
第二节　CGE 模型的构建 …… 097
第三节　CGE 模型中环境污染规模效应和结构性效应的体现 …… 099
第四节　基于 CGE 模型的数据分析 …… 103
第五节　基于 CGE 模型的预测分析 …… 122
第六节　本章小结 …… 124

第八章　碳排放符合环境库兹涅茨倒 U 型曲线特征吗？ ………… 125
　　第一节　引言 ………………………………………………………… 125
　　第二节　计量模型研究设计 ………………………………………… 127
　　第三节　碳排放符合环境库兹涅茨倒 U 型曲线关系的经济学
　　　　　　解释 ………………………………………………………… 134
　　第四节　本章小结 …………………………………………………… 135

第三部分　环境库兹涅茨双倒 U 型曲线的证实

第九章　环境库兹涅茨双倒 U 型曲线假说的提出及论证 ………… 139
　　第一节　引言 ………………………………………………………… 139
　　第二节　环境库兹涅茨双倒 U 型曲线存在的机理分析 …………… 140
　　第三节　数值模拟分析 ……………………………………………… 144
　　第四节　计量模型研究检验 ………………………………………… 164
　　第五节　本章小结 …………………………………………………… 167
第十章　环境库兹涅茨双倒 U 型曲线在美国和 OECD 国家的证实 …… 169
　　第一节　环境库兹涅茨双倒 U 型曲线在美国的证实 ……………… 169
　　第二节　环境库兹涅茨双倒 U 型曲线在 OECD 国家的证实 ……… 173
　　第三节　本章小结 …………………………………………………… 177

参考文献 ………………………………………………………………… 178

第一部分

PART Ⅰ

环境污染的规模效应与结构效应

本部分包括五章内容。

第一章主要回顾已有相关文献的状况及其不足之处,并提出本书的研究思路、研究内容及创新性。不同于以往研究,本书将经济增长速度、产业结构调整幅度纳入到环境库兹涅茨曲线的研究,从经济增长速度的环境污染规模效应和产业结构调整的环境污染结构效应对环境库兹涅茨曲线的形状进行论证。

第二章主要通过构建环境污染排放量的数学公式来推导经济增长速度的环境污染规模效应和产业结构调整的环境污染结构效应的存在性及其大小,以及对环境库兹涅茨曲线形状的影响。

第三章和第四章主要采用中国的相关数据运用计量模型来证实产业结构调整的环境污染结构效应的存在性及其大小。第三章采用二氧化硫作为典型的环境污染物进行实证研究,第四章采用碳排放作为典型的环境污染物进行实证研究。第三章和第四章的研究结论充分说明了环境库兹涅茨曲线形状的多样性,可能是倒 U 型的,也可能不是倒 U 型的。

第五章基于环境库兹涅茨倒 U 型曲线关系成立的前提下,来论证发展中国家进口商品结构与环境污染排放量之间的数量关系。

第一章 环境库兹涅茨倒 U 型曲线研究的文献综述

第一节 我国学者关于环境库兹涅茨倒 U 型曲线研究的文献回顾

Grossman 和 Krueger(1991)在《北美自由贸易区协议对环境的影响》一文中首次提出并论证了环境——收入倒 U 型曲线的存在性,从而开启了环境库兹涅茨倒 U 型曲线(EKC)研究的先河。随后,国内外学者对环境库兹涅茨倒 U 型曲线进行了大量的研究工作。我国学者主要从 1999 年开始研究环境库兹涅茨倒 U 型曲线。我国学者发表的典型 EKC 学术论文如表 1-1 所示。

表 1-1 我国学者发表的典型 EKC 论文

论 文 名 称	发表期刊	发表时间	作 者
中国环境政策的总体评价	中国社会科学	1999 年	张晓
中国环境问题与经济发展的关系分析——以大气污染为例	财经研究	2000 年	陆虹
一种新型的环境库兹涅茨曲线	浙江社会科学	2000 年	沈满洪、许云华
北京市经济增长与环境污染水平计量模型研究	地理研究	2002 年	吴玉萍、董锁成、宋键峰
自由贸易与环境关系的"南北视角"	当代财经	2003 年	彭海珍、任荣明

续　表

论　文　名　称	发表期刊	发表时间	作　者
经济增长与环境质量：关于环境库兹涅茨曲线的经验分析	复旦学报	2004年	陈华文、刘康兵
环境库兹涅茨曲线及其在我国的修正	经济学家	2004年	赵文君、文启湘
环境库兹涅茨及在中国的检验	南开经济研究	2005年	赵细康、李建民、王金营、周春旗
经济增长与环境污染——环境库兹涅茨曲线假设的中国检验	财经问题研究	2006年	彭水军、包群
环境库兹涅茨曲线与自回归模型用于三废污染预测的比较分析	管理世界	2006年	杨树旺、冯兵
基于 Panal Data 和 SEA 的环境 Kuznets 曲线分析	统计研究	2007年	李刚
环境库兹涅茨倒 U 型曲线和环境支出的 S 型曲线——一个新古典增长框架下的理论解释	世界经济	2008年	陆旸、郭路
中国二氧化碳的环境库兹涅茨曲线预测及影响因素分析	管理世界	2009年	林伯强、蒋竺均
环境保护与经济发展双赢的规制绩效实证分析	经济研究	2009年	张红凤、周峰、杨慧、郭庆
基于生活污染物的环境库兹涅茨曲线	山西财经大学学报	2009年	袁加军、曾五一
经济增长与环境污染关系的研究——基于山西省数据的实证分析	国际商务	2009年	李鹏
经济增长与环境污染关系的研究——以北京市为例以区域面板数据的实证分析	国际贸易问题	2010年	周亚敏、黄苏萍
经济增长、环境规制与产业结构——基于陕西省环境库兹涅茨曲线的分析	兰州大学学报（社会科学版）	2010年	李春米
金融发展影响我国环境质量的实证研究——对 EKC 曲线的补充	软科学	2010年	徐盈之、管建伟

续 表

论 文 名 称	发表期刊	发表时间	作 者
经济增长与环境污染的广义脉冲响应函数分析——以江西省为例	经济问题探索	2011年	高云虹、王美昌
城市规模对城市环境的影响：基于我国119个城市EKC曲线的实证研究	学习与实践	2011年	王家庭、高珊珊
收入差距与环境质量的关系——基于安徽省扩展的EKC假说检验	华东经济管理	2012年	范维娜、李静
中国产业结构与碳排放关系的实证检验——基于动态面板平滑转换模型的分析	数理统计与管理	2013年	李科
中国二氧化碳EKC曲线扩展模型的空间计量分析	宏观经济研究	2014年	范丹
环境库兹涅茨倒U型曲线在西部地区的现实考证	经济研究参考	2014年	李鹏
基于面板门限回归的中国碳排放EKC研究	中国经济问题	2015年	邹庆
中国的环境污染与经济增长	经济学季刊	2015年	王敏、黄滢
水资源环境与经济增长：EKC假说在中国八大流域的表现	经济管理	2016年	鲁晓东、许罗丹、雄莹
制度安排对中国环境库兹涅茨曲线的影响研究	管理学报	2017年	李佳佳、罗能生
污染产业转移对江西省的环境影响研究——基于EKC曲线理论的实证分析	经济论坛	2017年	宁刘宁、李晓飞

第二节 国外学者关于环境库兹涅茨倒U型曲线研究的文献回顾

国外学者主要从1991年开始研究环境库兹涅茨倒U型曲线。发表的相关学术论文如表1-2所示。

表 1-2　国外学者发表的典型 EKC 论文

论 文 名 称	发 表 期 刊	发表时间	作 者
A Environmentahl Impacts of the North American Free Trade Agrement	NBER.Working Paper	1991 年	Grossman and Krueger
Economic Growth and the Environment	The Quarterly Journal of Economics	1995 年	Grossman and Krueger
Economic Growth and Emissions: Reconsidering the Empirical Basis of Environmental Kuznets Curves	Ecological Economics	1998 年	De Bruyn et al.
The Environment as a Factor of Production: The Effects of Economic Growth and Trade Liberalization	Journal of Environment Economics and Management	2000 年	Lopez and Mitra
Trade and the Environment: Theory and Evidence	Princeton University Press	2003 年	Copeland and Talyor
Reassessing the Environmental Kuznets Curve for CO_2 Emissions: a Robustness Exercise	Ecological Economics	2006 年	Galeotti M., A. Lanza and F. Pauli
The Green Solow Model	Journal of Economic Growth	2010 年	Brock and Taylor
Searching for an Environmental Kuznets Curve in China's Air Pollution	China Economic Review	2011 年	Brajer et al.
Dynamic Misspecification in the Environmental Kuznets Curve Evidence from CO_2 and SO_2 Emissions in the United Kingdom	Ecological Economics	2012 年	Fosten et al.
The Environmental Kuznets Curve and the role of Coal Consumption in India: Cointegration and Causality Analysis in Open Economy	Renewable and Sustainable Energy Reviews	2013 年	Tiwari et al.

第三节　本章小结

文章从以下八个方面对研究环境库兹涅茨倒 U 型曲线的国内外文献进行

总结。

一、涉及的计量经济学模型

从模型所涉及的数据特征分析，主要包括：面板数据模型、时间序列数据模型。面板数据模型包括：面板门限回归、动态面板 GMM 模型、STIRPAT 模型、动态面板平滑转换模型、空间面板数据 EBA 模型。时间序列数据模型包括：协整模型、脉冲响应模型、自回归、联立方程模型。

二、涉及的经济学理论模型

上述文献主要运用空间经济模型、新古典经济增长模型进行理论分析。

三、对应的环境污染物

EKC 论文中所出现的环境污染物主要有：二氧化硫、二氧化碳、水、"三废"、生活污染物、雾霾、PM 2.5、农业污染物。早期的文献主要将"三废"作为主要的环境污染物进行相关研究，对碳排放进行研究是未来研究的一个主要趋势。

四、对环境污染物排放量的影响因素分析

上述文献中，人均收入是影响环境污染排放量的核心因素，不同学者还分析了其他因素对环境污染排放量的影响。其他因素主要有：产业结构、制度安排、环境管制、地理位置、收入差距、FDI、贸易、科技进步、城市规模、金融发展等。

五、研究内容

上述文献主要研究环境库兹涅茨曲线形状，即倒 U 型曲线是否成立。除此之外还对环境库兹涅茨曲线的拐点位置进行研究，对环境污染排放量进行预测，运用脱钩理论研究环境库兹涅茨曲线，研究环境污染产业转移对环境库兹涅茨曲线的影响。

六、研究样本及研究的时间段

相关研究样本主要有：多个国家、中国、我国的东部地区、中部地区和西部地区、单个省份、单个城市、淮河流域、单个行业。相关研究的时间段主要处于 1990 年之后。

七、研究结论

主要分为两类：一类是环境库兹涅茨曲线形状为倒 U 型，另一类是环境库兹涅茨曲线形状为非倒 U 型。其中，非倒 U 型曲线主要包括：S 型、线性等。

八、上述文献的研究缺陷及本书的创新性

上述文献主要采用相关数据进行实证检验，并没有对环境库兹涅茨倒 U 型曲线形状的形成原因进行相关论证。已有研究没有将经济增长速度和产业结构调整速度这两个重要因素纳入环境库兹涅茨曲线的分析框架。

不同于以往研究，本书主要从经济增长速度的环境污染规模效应和产业结构调整的环境污染结构效应对环境库兹涅茨曲线的形状进行相关研究，找到环境库兹涅茨曲线形状出现多样化的原因，并创造性地提出和论证了双倒 U 型曲线的存在性。本书的研究具有重要的理论和现实意义。

第二章
环境污染的规模效应和结构性效应

第一节 经济增长速度所带来的环境污染规模效应

一、经济增长速度所带来的环境污染规模效应的定义

在三大产业比重不变的前提下(产业结构不调整),一国的经济增长速度必然会导致该国的经济规模(GDP 总量)发生变化,在单位 GDP 所对应的环境污染排放量不变时,则该国的环境污染排放量必然发生改变,这就是经济增长速度所带来的环境污染规模效应。

$$E_t = \sum_{i=1}^{i=3} E_{t,i} = \sum_{i=1}^{i=3} (q_{t,i} \times GDP_{t,i}) = \sum_{i=1}^{i=3} [q_{t,i} \times (GDP_t \times p_{t,i})]$$
$$= q_{t,1} \times GDP_t \times p_{t,1} + q_{t,2} \times GDP_t \times p_{t,2} + q_{t,3} \times GDP_t \times p_{t,3}$$
$$= q_{t,1} \times (GDP_{t-1} \times (1 + v_t)) \times p_{t,1} + q_{t,2} \times (GDP_{t-1} \times (1 + v_t)) \times p_{t,2}$$
$$+ q_{t,3} \times (GDP_{t-1} \times (1 + v_t)) \times p_{t,3}$$
$$= \underbrace{(GDP_{t-1} \times (1 + v_t))}_{\text{第}t\text{年的GDP总量}} \times \underbrace{(q_{t,1} \times p_{t,1} + q_{t,2} \times p_{t,2} + q_{t,3} \times p_{t,3})}_{\text{第}t\text{年的1单位GDP所对应的环境污染排放量}} \quad (2-1)$$

公式(2-1)中,E_t 为第 t 年的环境污染排放总量,$E_{t,i}$ 为第 i 产业在第 t 年的环境污染排放总量,$q_{t,i}$ 为第 i 产业在第 t 年的环境污染排放强度,GDP_t 为第 t 年的 GDP 值(三大产业的 GDP 总和),GDP_{t-1} 为第 $t-1$ 年的 GDP 值(三大产业的 GDP 总和),v_t 为第 t 年的 GDP 的增长速度,$p_{t,i}$ 为第 i 产业在第 t 年占当年 GDP 的比重。公式(2-1)中的 i 等于 1,2 或 3。

公式(2-1)中,$(GDP_{t-1} \times (1 + v_t))$ 为第 t 年的 GDP 总量,$q_{t,1} \times p_{t,1}$ +

$q_{t,2} \times p_{t,2} + q_{t,3} \times p_{t,3}$ 为第 t 年一单位 GDP 所对应的环境污染排放量。

$q_{t,i}$ 在各年份均不变。本书根据 2015 年我国 GDP 的三大产业构成及二氧化硫的三大产业分布，计算出第一产业的环境污染排放强度 $q_{t,1}$ 为 0.34×10^{-6} 吨/元，第二产业的环境污染排放强度 $q_{t,2}$ 为 0.55×10^{-6} 吨/元，第三产业的环境污染排放强度 $q_{t,3}$ 为 0.02×10^{-6} 吨/元。若采用其他环境污染物进行相关计算，三大产业的环境污染物排放强度数据会发生变化，但对本书的研究结论不会造成实际性影响。本书以二氧化硫为例计算的三大产业环境污染排放强度满足 $q_{t,2} > q_{t,1} > q_{t,3}$，当采用其他环境污染物计算的三大产业环境污染物排放强度依然满足 $q_{t,2} > q_{t,1} > q_{t,3}$。

表 2-2 中，1952 年第一产业比重为 51%，第二产业比重为 21%，第三产业比重为 28%，结合三大产业的环境污染排放量强度数据，可计算出单位 GDP 所对应的环境污染排放量（单位 GDP 的环境污染排放强度）为 29.45×10^{-8} 吨/元。表 2-1 中，由于产业结构不调整，从而三大产业的比重在所有年份均不变，则单位 GDP 所对应的环境污染排放量（单位 GDP 的环境污染排放强度）在所有年份均不变。

表 2-1　各参数赋值

$q_{t,1}$ （吨/元）	$q_{t,2}$ （吨/元）	$q_{t,3}$ （吨/元）	$p_{t,1}$ (%)	$p_{t,2}$ (%)	$p_{t,3}$ (%)	v_t	$q_{t,1} \times p_{t,1} + q_{t,2} \times p_{t,2} + q_{t,3} \times p_{t,3}$ （吨/元）
0.34×10^{-6}	0.55×10^{-6}	0.02×10^{-6}	51	21	28	10%	29.45×10^{-8}

表 2-2　经济增长速度所带来的环境污染规模效应相关数据

年份	第一产业比重 (%)	第二产业比重 (%)	第三产业比重 (%)	GDP 增速 (%)	GDP （亿元）	GDP 的改变量 （亿元）	单位 GDP 的环境污染排放量 （吨/元）	RGDP （人）	环境污染排放量 （吨）	环境污染排放量的年增加量 （吨）
1952	51	21	28		679			118.123 9	19 996.55	
1953	51	21	28	10	746.9	67.9	29.45	129.936 3	21 996.21	1 999.655
1954	51	21	28	10	821.59	74.69	29.45	142.93	24 195.83	2 199.621
1955	51	21	28	10	903.749	82.159	29.45	157.223	26 615.41	2 419.583
1956	51	21	28	10	994.123 9	90.374 9	29.45	172.945 3	29 276.95	2 661.541

续表

年份	第一产业比重(%)	第二产业比重(%)	第三产业比重(%)	GDP增速(%)	GDP(亿元)	GDP的改变量(亿元)	单位GDP的环境污染排放量(吨/元)	RGDP(人)	环境污染排放量(吨)	环境污染排放量的年增加量(吨)
1957	51	21	28	10	1 093.536	99.412 1	29.45	190.239 8	32 204.64	2 927.695
1958	51	21	28	10	1 202.89	109.354	29.45	209.263 8	35 425.11	3 220.464
1959	51	21	28	10	1 323.179	120.289	29.45	230.190 1	38 967.62	3 542.511
1960	51	21	28	10	1 455.497	132.318	29.45	253.209 1	42 864.38	3 896.762
1961	51	21	28	10	1 601.046	145.549	29.45	278.530 1	47 150.82	4 286.438
1962	51	21	28	10	1 761.151	160.105	29.45	306.383 1	51 865.9	4 715.082
1963	51	21	28	10	1 937.266	176.115	29.45	337.021 4	57 052.49	5 186.59
1964	51	21	28	10	2 130.993	193.727	29.45	370.723 5	62 757.74	5 705.249
1965	51	21	28	10	2 344.092	213.099	29.45	407.795 9	69 033.51	6 275.774
1966	51	21	28	10	2 578.501	234.409	29.45	448.575 4	75 936.87	6 903.351
1967	51	21	28	10	2 836.352	257.851	29.45	493.433	83 530.55	7 593.687
1968	51	21	28	10	3 119.987	283.635	29.45	542.776 3	91 883.61	8 353.055
1969	51	21	28	10	3 431.985	311.998	29.45	597.053 9	101 072	9 188.361
1970	51	21	28	10	3 775.184	343.199	29.45	656.759 3	111 179.2	10 107.2
1971	51	21	28	10	4 152.702	377.518	29.45	722.435 2	122 297.1	11 117.92
1972	51	21	28	10	4 567.972	415.27	29.45	794.678 8	134 526.8	12 229.71
1973	51	21	28	10	5 024.77	456.798	29.45	874.146 6	147 979.5	13 452.68
1974	51	21	28	10	5 527.247	502.477	29.45	961.561 3	162 777.4	14 797.95
1975	51	21	28	10	6 079.971	552.724	29.45	1 057.717	179 055.2	16 277.74
1976	51	21	28	10	6 687.968	607.997	29.45	1 163.489	196 960.7	17 905.52
1977	51	21	28	10	7 356.765	668.797	29.45	1 279.838	216 656.7	19 696.07
1978	51	21	28	10	8 092.442	735.677	29.45	1 407.822	238 322.4	21 665.67
1979	51	21	28	10	8 901.686	809.244	29.45	1 548.604	262 154.7	23 832.24
1980	51	21	28	10	9 791.855	890.169	29.45	1 703.465	288 370.1	26 215.47

续 表

年份	第一产业比重(%)	第二产业比重(%)	第三产业比重(%)	GDP增速(%)	GDP(亿元)	GDP的改变量(亿元)	单位GDP的环境污染排放量(吨/元)	RGDP(人)	环境污染排放量(吨)	环境污染排放量的年增加量(吨)
1981	51	21	28	10	10 771.04	979.185	29.45	1 873.811	317 207.1	28 837.01
1982	51	21	28	10	11 848.14	1 077.1	29.45	2 061.192	348 927.8	31 720.71
1983	51	21	28	10	13 032.96	1 184.82	29.45	2 267.311	383 820.6	34 892.78
1984	51	21	28	10	14 336.25	1 303.29	29.45	2 494.042	422 202.7	38 382.06
1985	51	21	28	10	15 769.88	1 433.63	29.45	2 743.447	464 423	42 220.27
1986	51	21	28	10	17 346.87	1 576.99	29.45	3 017.791	510 865.3	46 442.3
1987	51	21	28	10	19 081.55	1 734.68	29.45	3 319.57	561 951.8	51 086.53
1988	51	21	28	10	20 989.71	1 908.16	29.45	3 651.527	618 147	56 195.18
1989	51	21	28	10	23 088.68	2 098.97	29.45	4 016.68	679 961.7	61 814.7
1990	51	21	28	10	25 397.55	2 308.87	29.45	4 418.348	747 957.8	67 996.17
1991	51	21	28	10	27 937.3	2 539.75	29.45	4 860.183	822 753.6	74 795.78
1992	51	21	28	10	30 731.03	2 793.73	29.45	5 346.201	905 029	82 275.36

二、经济增长速度所带来的环境污染规模效应的计算公式

经济增长速度所带来的环境规模效应的大小为:

$$\begin{aligned} E_t - E_{t-1} &= [(GDP_{t-1} \times (1 + v_t)) \times (q_{t,1} \times p_{t,1} + q_{t,2} \times p_{t,2} + q_{t,3} \times p_{t,3})] \\ &\quad - [GDP_{t-1} \times (q_{t-1,1} \times p_{t-1,1} + q_{t-1,2} \times p_{t-1,2} + q_{t-1,3} \times p_{t-1,3})] \\ &= [(GDP_{t-1} \times (1 + v_t)) \times (q_{t,1} \times p_{t,1} + q_{t,2} \times p_{t,2} + q_{t,3} \times p_{t,3})] \\ &\quad - [GDP_{t-1} \times (q_{t,1} \times p_{t,1} + q_{t,2} \times p_{t,2} + q_{t,3} \times p_{t,3})] \\ &= (GDP_t - GDP_{t-1}) \times (q_{t,1} \times p_{t,1} + q_{t,2} \times p_{t,2} + q_{t,3} \times p_{t,3}) \quad (2-2) \end{aligned}$$

结合表 2-1 中的单位 GDP 所对应的环境污染排放量 $q_{t,1} \times p_{t,1} + q_{t,2} \times p_{t,2} + q_{t,3} \times p_{t,3}$ 的参数值,可知表 2-2 中第 t 年经济增长速度所带来的环境污染规模效应大小(环境污染排放量的单位为吨,GDP 单位为亿元)为:$29.45 \times 10^{-8} \times (GDP_t - GDP_{t-1}) \times 10^8 = 29.45 \times (GDP_t - GDP_{t-1})$。

以表 2-2 中 1953 年经济增长速度所带来的环境污染规模效应为例进行说

明。表 2-2 中 1953 年的经济增长速度为 10%,1952 年的 GDP 为 679 亿元,则 1953 年的 GDP 为 746.9 亿元。1953 年 GDP 比 1952 年 GDP 增加 67.9 亿元 (67.9 亿元 = 67.9×10^8 元)。1953 年单位 GDP 所对应的环境污染排放量为 29.45×10^{-8} 吨/元,则 29.45×10^{-8} 吨/元 $\times 67.9 \times 10^8$ 元 = 1 999.655 吨。

即在产业结构不调整(三大产业比重不变)的条件下 1953 年 10%的经济增长速度导致环境污染排放量增加了 1 999.655 吨,即 1953 年经济增长速度所带来的环境污染规模效应大小为 1 999.655 吨。采用同样的方法,可得表 2-2 中其他年份的经济增长速度所带来的环境污染规模效应大小。

表 2-2 中,环境污染排放量的年增加量体现出当年经济增长速度所带来的环境污染规模效应大小。表 2-2 数据显示环境污染排放量的年增加量均大于 0,这说明经济增长速度会导致环境污染排放量始终增加。因此,经济增长速度所带来的环境污染规模效应为正值。

表 2-2 中,环境污染排放量的年增加量不断增加,这说明经济增长速度会导致环境污染排放量以递增的量增加。因此,经济增长速度所带来的环境污染规模效应是不断增强的。

结论:经济增长速度所带来的环境污染规模效应大小不仅为正值,而且是不断增加的。

表 2-2 中,环境污染排放量与人均 GDP 数据所对应的散点图及拟合线如图 2-1 所示。图 2-1 中,横坐标为人均 GDP,计量单位为:元/人;纵坐标为环境污染排放量,计量单位为:吨。图 2-1 中散点所对应的拟合线为线型曲线。拟合线所对应的方程为: $y = 169.28x - 0.0015$。

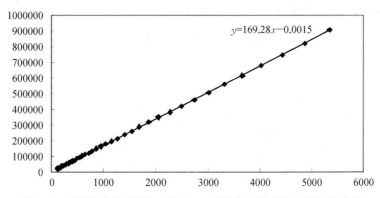

图 2-1 环境污染排放量与人均 GDP 数据所对应的散点图及拟合线

对应的经济学含义为:只存在经济增长速度所导致的环境污染规模效应时(不存在产业结构调整所导致的环境污染结构性效应),环境污染排放量会随着人均GDP的增加而不断增加,环境污染排放量与人均GDP之间呈正相关的线型关系。

表2-2中经济增长速度为10%。当经济增长速度为其他值时(只要经济增长速度大于0),环境污染排放量会随着人均GDP的增加而不断增加的结论仍然成立,进而环境污染排放量与人均GDP之间呈正相关的线型关系的结论也成立。

第二节 产业结构调整所带来的环境污染的结构效应

一、产业结构调整所带来的环境污染结构效应的定义

在经济不增长时(经济增长速度为0),一国产业结构调整必然会导致该国三大产业比重的改变。由于三大产业的环境污染排放强度不变,则三大产业比重的改变必然会导致单位GDP的环境污染排放量改变,进而导致GDP总量(GDP不变时)所对应的环境污染排放总量改变。这就是产业结构调整所带来的环境污染结构性效应。

依据公式(2-1),可计算出产业结构调整所带来的环境污染结构效应大小。在计算产业结构调整所带来的环境污染结构性效应大小时,必须满足以下两个前提条件:

一是经济增长速度为0,即

$$v_t = 0, \ GDP_t = GDP_{t-1} \tag{2-3}$$

二是三大产业的环境污染排放强度不变,即

$$q_{t,1} = q_{t-1,1};\ q_{t,2} = q_{t-1,2};\ q_{t,3} = q_{t-1,3} \tag{2-4}$$

$q_{t,1}$表示第一产业在t期的环境污染排放强度,$q_{t-1,1}$第一产业在$t-1$期的环境污染排放强度,$q_{t,2}$表示第二产业在t期的环境污染排放强度,$q_{t-1,2}$第二产业在$t-1$期的环境污染排放强度,$q_{t,3}$表示第三产业在t期的环境污染排放强度,$q_{t-1,3}$第三产业在$t-1$期的环境污染排放强度。

二、产业结构调整所带来的环境污染结构效应的计算公式

产业结构调整所带来的环境污染结构效应大小的表达式为：

$$\begin{aligned}
E_t - E_{t-1} &= GDP_t \times (q_{t,1} \times p_{t,1} + q_{t,2} \times p_{t,2} + q_{t,3} \times p_{t,3}) \\
&\quad - GDP_{t-1} \times (q_{t-1,1} \times p_{t-1,1} + q_{t-1,2} \times p_{t-1,2} + q_{t-1,3} \times p_{t-1,3}) \\
&= GDP_t \times [(q_{t,1} \times p_{t,1} + q_{t,2} \times p_{t,2} + q_{t,3} \times p_{t,3}) \\
&\quad - (q_{t,1} \times p_{t-1,1} + q_{t-1,2} \times p_{t,2} + q_{t-1,3} \times p_{t,3})] \\
&= GDP_t \times [q_{t,1} \times (p_{t,1} - p_{t-1,1}) + q_{t,2} \times (p_{t,2} - p_{t-1,2}) \\
&\quad + q_{t,2} \times (p_{t,3} - p_{t-1,3})] \\
&= GDP_t \times (\Delta p_{t,1} \times q_{t,1} + \Delta p_{t,2} \times q_{t,2} + \Delta p_{t,3} \times q_{t,3}) \quad (2-5)
\end{aligned}$$

$(\Delta p_{t,1} \times q_{t,1} + \Delta p_{t,2} \times q_{t,2} + \Delta p_{t,3} \times q_{t,3})$ 表示产业结构调整所带来的 1 单位 GDP 所对应的环境污染排放量的改变量。

表 2-3 各参数赋值

$q_{t,1}$（吨/元）	$q_{t,2}$（吨/元）	$q_{t,3}$（吨/元）	v_t	$(\Delta p_{t,1} \times q_{t,1} + \Delta p_{t,2} \times q_{t,2} + \Delta p_{t,3} \times q_{t,3})$（吨/元）
0.34×10^{-6}	0.55×10^{-6}	0.02×10^{-6}	0	$0.34 \times 10^{-6} \times \Delta p_{t,1} + 0.55 \times 10^{-6} \times \Delta p_{t,2} + 0.02 \times 10^{-6} \times \Delta p_{t,3}$

结合表 2-4 中 GDP 在各年份均为 679 亿元，可知表 2-4 中第 t 年产业结构调整所带来的环境污染结构性效应大小（环境污染排放量的单位为吨）为：

$$679 \times 10^8 \times [0.34 \times 10^{-6} \times \Delta p_{t,1} + 0.55 \times 10^{-6} \times \Delta p_{t,2} + 0.02 \times 10^{-6} \times \Delta p_{t,3}] \quad (2-6)$$

以表 2-4 中 1953 年产业结构调整所带来的环境污染排放结构效应为例进行说明。1953 年第一产业比重为 48%，1952 年第一产业比重为 51%，则 $\Delta p_{t,1} = -3\%$；1953 年第二产业比重为 23%，1952 年第二产业比重为 21%，则 $\Delta p_{t,2} = 2\%$；1953 年第三产业比重为 29%，1952 年第二产业比重为 28%，则 $\Delta p_{t,3} = 1\%$。运用公式（2-6），可计算出 1953 年产业结构调整所带来的环境污染排放结构效应大小为 67.9，即 1953 年产业结构调整导致环境污染排放量增加 67.9 吨。采用同样的方法，可计算出 1954 年至 1992 年所有年份的产业结构调整所带来的环境污染排放结构效应大小，如表 2-4 中第 10 列所示。

表 2-4 产业结构调整所带来的环境污染结构性效应相关数据

年份	第一产业比重（%）	第二产业比重（%）	第三产业比重（%）	产业结构调整幅度	GDP增速	GDP（亿元）	RGDP（元/人）	环境污染排放量（吨）	环境污染排放量的增加量（吨）
1952	51	21	28			679	118.123 93	19 996.55	
1953	48	23	29	剧烈	0	679	118.123 93	20 064.45	67.9
1954	45	25	30	剧烈	0	679	118.123 93	20 132.35	67.9
1955	42	27	31	剧烈	0	679	118.123 93	20 200.25	67.9
1956	39	29	32	剧烈	0	679	118.123 93	20 268.15	67.9
1957	36	31	33	剧烈	0	679	118.123 93	20 336.05	67.9
1958	33	33	34	剧烈	0	679	118.123 93	20 403.95	67.9
1959	30	35	35	剧烈	0	679	118.123 93	20 471.85	67.9
1960	27	37	36	剧烈	0	679	118.123 93	20 539.75	67.9
1961	24	39	37	剧烈	0	679	118.123 93	20 607.65	67.9
1962	21	41	38	剧烈	0	679	118.123 93	20 675.55	67.9
1963	18	43	39	剧烈	0	679	118.123 93	20 743.45	67.9
1964	15	45	40	剧烈	0	679	118.123 93	20 811.35	67.9
1965	12	47	41	剧烈	0	679	118.123 93	20 879.25	67.9
1966	9	49	42	剧烈	0	679	118.123 93	20 947.15	67.9
1967	9	47.5	43.5	剧烈	0	679	118.123 93	20 407.35	−539.805
1968	9	46	45	剧烈	0	679	118.123 93	19 867.54	−539.805
1969	9	44.5	46.5	剧烈	0	679	118.123 93	19 327.74	−539.805
1970	9	43	48	剧烈	0	679	118.123 93	18 787.93	−539.805
1971	9	41.5	49.5	剧烈	0	679	118.123 93	18 248.13	−539.805
1972	9	40	51	剧烈	0	679	118.123 93	17 708.32	−539.805
1973	9	38.5	52.5	剧烈	0	679	118.123 93	17 168.52	−539.805

续 表

年份	第一产业比重(%)	第二产业比重(%)	第三产业比重(%)	产业结构调整幅度	GDP增速	GDP（亿元）	RGDP（元/人）	环境污染排放量（吨）	环境污染排放量的增加量（吨）
1974	9	37	54	剧烈	0	679	118.123 93	16 628.71	-539.805
1975	9	35.5	55.5	剧烈	0	679	118.123 93	16 088.91	-539.805
1976	9	34	57	剧烈	0	679	118.123 93	15 549.1	-539.805
1977	9	32.5	58.5	剧烈	0	679	118.123 93	15 009.3	-539.805
1978	9	31	60	剧烈	0	679	118.123 93	14 469.49	-539.805
1979	9	29.5	61.5	剧烈	0	679	118.123 93	13 929.69	-539.805
1980	9	28	63	剧烈	0	679	118.123 93	13 389.88	-539.805
1981	9	26.5	64.5	剧烈	0	679	118.123 93	12 850.08	-539.805
1982	9	25	66	剧烈	0	679	118.123 93	12 310.27	-539.805
1983	9	23.5	67.5	剧烈	0	679	118.123 93	11 770.47	-539.805
1984	9	22	69	剧烈	0	679	118.123 93	11 230.66	-539.805
1985	9	20.5	70.5	剧烈	0	679	118.123 93	10 690.86	-539.805
1986	9	19	72	剧烈	0	679	118.123 93	10 151.05	-539.805
1987	9	17.5	73.5	剧烈	0	679	118.123 93	9 611.245	-539.805
1988	9	16	75	剧烈	0	679	118.123 93	9 071.44	-539.805
1989	9	14.5	76.5	剧烈	0	679	118.123 93	8 531.635	-539.805
1990	9	13	78	剧烈	0	679	118.123 93	7 991.83	-539.805
1991	9	11.5	79.5	剧烈	0	679	118.123 93	7 452.025	-539.805
1992	9	10	81	剧烈	0	679	118.123 93	6 912.22	-539.805

表 2-4 中，在 1966 年第二产业所占比重达到最大，在 1966 年之后第二产业所占比重开始减少，据此可知，1952—1966 年为第一产业为主导向第二产业为主导转变时期；在 1967—1992 年为第二产业为主导向第三产业为主导转变

时期。

表 2-4 中第 10 列数据显示,在 1953—1966 年的任意年份产业结构调整所带来的环境污染排放结构效应大小均为 67.9,这表明在第一产业为主导向第二产业为主导转变时期产业结构调整所带来的环境污染排放结构效应大于 0。所对应的经济学含义为:在第一产业为主导向第二产业为主导转变时期,产业结构调整会导致环境污染排放量增加。

在 1967—1992 年的任意年份,产业结构调整所带来的环境污染排放结构效应大小均为 -539.805,这表明在第二产业为主导向第三产业为主导转变时期产业结构调整所带来的环境污染排放结构效应小于 0。所对应的经济学含义为:在第二产业为主导向第三产业为主导转变时期,产业结构调整会导致环境污染排放量减少。

表 2-4 中,环境污染排放量与第三产业比重数据所对应的散点图及拟合线如图 2-2 所示。图 2-2 中,横坐标为第三产业比重,计量单位为%;纵坐标为环境污染排放量,计量单位为吨。图 2-2 中散点所对应的拟合线为倒 U 型曲线。

拟合线所对应的方程为:$y = -4.6049x^2 + 217.39x + 18593$

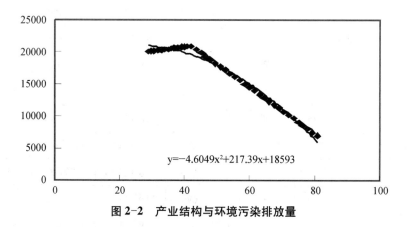

图 2-2 产业结构与环境污染排放量

对应的经济学含义:在只存在产业结构调整所导致的环境污染结构效应时(不存在经济增长速度所导致的环境污染规模效应),随着第三产业比重的不断增加,环境污染排放量会先增加后减少,环境污染排放量与第三产业比重之间呈倒 U 型曲线关系。

第三节 环境污染的规模效应与环境污染的结构性效应的总效应

一、环境污染的规模效应与环境污染的结构性效应同时存在的原因

在一国经济增长(经济增长速度大于 0)的同时,必然伴随产业结构的调整。因此经济增长速度所带来的环境污染的规模效应和产业结构调整所带来的环境污染的结构性效应同时存在,即存在环境污染的规模效应与结构性效应的总效应。

二、总效应大小的计算公式

根据公式(2-3)可计算出环境污染的规模效应与结构性效应的总效应的大小。在计算总效应的大小时,经济增长速度不为 0,三大产业比重会发生变化,但三大产业的环境污染排放强度不变。

环境污染的规模效应与结构性效应的总效应大小的表达式为:

$$\begin{aligned} E_t - E_{t-1} &= GDP_t \times (q_{t,1} \times p_{t,1} + q_{t,2} \times p_{t,2} + q_{t,3} \times p_{t,3}) \\ &\quad - GDP_{t-1} \times (q_{t-1,1} \times p_{t-1,1} + q_{t-1,2} \times p_{t-1,2} + q_{t-1,3} \times p_{t-1,3}) \\ &= GDP_{t-1} \times (1 + v_t) \times (q_{t,1} \times p_{t,1} + q_{t,2} \times p_{t,2} + q_{t,3} \times p_{t,3}) \\ &\quad - GDP_{t-1} \times (q_{t,1} \times p_{t-1,1} + q_{t,2} \times p_{t-1,2} + q_{t-1,3} \times p_{t-1,3}) \\ &= GDP_{t-1} \times [(1 + v_t) \times (q_{t,1} \times p_{t,1} + q_{t,2} \times p_{t,2} + q_{t,3} \times p_{t,3}) \\ &\quad - (q_{t,1} \times p_{t-1,1} + q_{t,2} \times p_{t-1,2} + q_{t,3} \times p_{t-1,3})] \end{aligned} \quad (2-7)$$

表 2-5 各参数赋值

$q_{t,1}$（吨/元）	$q_{t,2}$（吨/元）	$q_{t,3}$（吨/元）	v_t
0.34×10^{-6}	0.55×10^{-6}	0.02×10^{-6}	不等于 0

以表 2-6 中 1953 年的环境污染的规模效应与结构性效应的总效应为例进行说明。1953 年 GDP 为 746.9 亿元,经济增长速度为 10%,第一产业比重为 48%,第二产业比重为 23%,第三产业比重为 29%;1952 年 GDP 为 679 亿元,第

一产业比重为51%,第二产业比重为21%,第三产业比重为28%。运用公式(2-7)和表2-5中的参数,可计算出1953年环境污染的规模效应与结构效应的总效应大小为2 074.345亿吨。表2-6中其他年份的环境污染的规模效应与结构效应的总效应大小采用同样的方法进行计算而来。

表2-6 环境污染的规模效应与结构性效应的总效应相关数据

年份	第一产业比重(%)	第二产业比重(%)	第三产业比重(%)	产业结构调整幅度	GDP增速(%)	GDP(亿元)	RGDP(元/人)	环境污染排放量(吨)	环境污染排放量的增加量(吨)
1952	51	21	28			679	118.123 9	19 996.55	
1953	48	23	29	剧烈	10	746.9	129.936 3	22 070.9	2 074.345
1954	45	25	30	剧烈	10	821.59	142.93	24 360.14	2 289.249
1955	42	27	31	剧烈	10	903.749	157.223	26 886.53	2 526.389
1956	39	29	32	剧烈	10	994.123 9	172.945 3	29 674.6	2 788.066
1957	36	31	33	剧烈	10	1 093.536	190.239 8	32 751.4	3 076.805
1958	33	33	34	剧烈	10	1 202.89	209.263 8	36 146.84	3 395.441
1959	30	35	35	剧烈	10	1 323.179	230.190 1	39 893.85	3 747.002
1960	27	37	36	剧烈	10	1 455.497	253.209 1	44 028.78	4 134.937
1961	24	39	37	剧烈	10	1 601.046	278.530 1	48 591.75	4 562.962
1962	21	41	38	剧烈	10	1 761.151	306.383 1	53 627.05	5 035.302
1963	18	43	39	剧烈	10	1 937.266	337.021 4	59 183.48	5 556.428
1964	15	45	40	剧烈	10	2 130.993	370.723 5	65 314.94	6 131.459
1965	12	47	41	剧烈	10	2 344.092	407.795 9	72 080.83	6 765.894
1966	9	49	42	剧烈	10	2 578.501	448.575 4	79 546.76	7 465.927
1967	9	47.5	43.5	剧烈	10	2 836.352	493.433	85 246.56	5 699.804
1968	9	46	45	剧烈	10	3 119.987	542.776 3	91 290.82	6 044.26
1969	9	44.5	46.5	剧烈	10	3 431.985	597.053 9	97 691.45	6 400.633
1970	9	43	48	剧烈	10	3 775.184	656.759 3	104 459.3	6 767.888

续 表

年份	第一产业比重(%)	第二产业比重(%)	第三产业比重(%)	产业结构调整幅度	GDP增速(%)	GDP（亿元）	RGDP（元／人）	环境污染排放量（吨）	环境污染排放量的增加量（吨）
1971	9	41.5	49.5	剧烈	10	4 152.702	722.435 2	111 603.9	7 144.525
1972	9	40	51	剧烈	10	4 567.972	794.678 8	119 132.7	7 528.844
1973	9	38.5	52.5	剧烈	10	5 024.77	874.146 6	127 051.3	7 918.6
1974	9	37	54	剧烈	10	5 527.247	961.561 3	135 362.3	8 310.97
1975	9	35.5	55.5	剧烈	10	6 079.971	1 057.717	144 064.9	8 702.634
1976	9	34	57	剧烈	10	6 687.968	1 163.489	153 154.5	9 089.554
1977	9	32.5	58.5	剧烈	10	7 356.765	1 279.838	162 621.3	9 466.823
1978	9	31	60	剧烈	10	8 092.442	1 407.822	172 449.9	9 828.649
1979	9	29.5	61.5	剧烈	10	8 901.686	1 548.604	182 618.1	10 168.15
1980	9	28	63	剧烈	10	9 791.855	1 703.465	193 095.4	10 477.29
1981	9	26.5	64.5	剧烈	10	10 771.04	1 873.811	203 841.9	10 746.55
1982	9	25	66	剧烈	10	11 848.14	2 061.192	214 806.8	10 964.85
1983	9	23.5	67.5	剧烈	10	13 032.96	2 267.311	225 926.4	11 119.58
1984	9	22	69	剧烈	10	14 336.25	2 494.042	237 121.6	11 195.21
1985	9	20.5	70.5	剧烈	10	15 769.88	2 743.447	248 296.8	11 175.19
1986	9	19	72	剧烈	10	17 346.87	3 017.791	259 335.7	11 038.95
1987	9	17.5	73.5	剧烈	10	19 081.55	3 319.57	270 099.3	10 763.63
1988	9	16	75	剧烈	10	20 989.71	3 651.527	280 422.5	10 323.19
1989	9	14.5	76.5	剧烈	10	23 088.68	4 016.68	290 109.3	9 686.739
1990	9	13	78	剧烈	10	25 397.55	4 418.348	298 929.2	8 819.899
1991	9	11.5	79.5	剧烈	10	27 937.3	4 860.183	306 611.9	7 682.704
1992	9	10	81	剧烈	10	30 731.03	5 346.201	312 841.9	6 230.018

表 2-6 中,在 1966 年第二产业所占比重达到最大,在 1966 年之后第二产业所占比重开始减少。据此可知,1952—1966 年是第一产业为主导向第二产业为主导转变时期;1967—1992 年是第二产业为主导向第三产业为主导转变时期。

表 2-6 中数据显示,环境污染的规模效应与结构性效应的总效应在 1953 年至 1992 年均为正数,但出现先增加后减少的数量特征。环境污染的规模效应与结构效应的总效应在 1984 年达到最大值 11 195.21,然后开始减少,到 1992 年减少到 6 230.018。由于 1966 年后,环境污染的规模效应与环境污染的结构效应的总效应为正值,这说明在第二产业为主导向第三产业为主导转变期间,环境污染的规模效应占主导[1]。

第四节 本 章 小 结

前文从经济增长速度的环境污染规模效应、产业结构调整的环境污染结构效应分析了经济增长速度、产业结构调整与环境污染排放量之间的数量关系。结论如表 2-7 所示。

表 2-7 经济增长速度、产业结构调整与环境污染排放量的关系

	第一产业为主导向第二产业为主导转变期间	第二产业为主导向第三产业为主导转变期间	整个产业结构调整期间
经济增长速度的环境污染规模效应	为正值 对应的含义:经济增长速度所导致的环境污染排放量的年增加量为正值	为正值 对应的含义:经济增长速度所导致的环境污染排放量的年增加量为正值	环境污染排放量与人均 GDP 之间为正相关的线性关系

---

〔1〕 如果表 2-6 中经济增长速度小于 10% 时,则在第二产业为主导向第三产业为主导转变期间,环境污染的规模效应不一定占主导。尤其是当表 2-6 中的经济增长速度为低速增长时,第二产业为主导向第三产业为主导转变期间,环境污染的结构效应占主导。

续　表

	第一产业为主导向第二产业为主导转变期间	第二产业为主导向第三产业为主导转变期间	整个产业结构调整期间
产业结构调整的环境污染结构性效应	为正值 对应的含义：产业结构调整所导致的环境污染排放量的年增加量为正值	为负值 对应的含义：产业结构调整所导致的环境污染排放量的年增加量为负值	环境污染排放量与第三产业比重之间为倒U型曲线关系
经济增长速度的环境污染规模效应和产业结构调整的环境污染结构性效应的总效应	为正值 对应的含义：经济增长速度和产业结构调整共同作用所导致的环境污染排放量的年增加量为正值	不确定 如果产业结构调整的环境污染结构性效应占主导，则总效应为负值。也就是经济增长速度和产业结构调整共同作用所导致的环境污染排放量的年增加量为负值。 如果经济增长速度所带来的环境污染规模效应占主导，则总效应为正值。也就是经济增长速度和产业结构调整共同作用所导致的环境污染排放量的年增加量为正值	环境污染排放量与人均GDP之间的数量关系带有不确定性 环境库兹涅茨倒U型曲线关系不一定成立
环境污染排放量	会增加	不确定 如果产业结构调整的环境污染结构性效应占主导，则环境污染排放量会减少；如果经济增长速度所带来的环境污染规模效应占主导，则环境污染排放量会增加	环境污染排放量先增加，后来具有不确定性

表2-7显示，在整个产业结构调整阶段，经济增长速度导致环境污染排放量一直增加，环境污染规模效应始终为正值。在整个产业结构调整阶段，环境污染排放量与人均GDP之间呈正相关的线性关系[1]。

表2-7显示，在整个产业结构调整阶段，产业结构调整导致环境污染排放量先增加后减少，环境污染结构效应在第一产业为主导向第二产业为主导转变期间为正值，在第二产业为主导向第三产业为主导转变期间为负值。由于在产业

---

[1] 只存在经济增长速度的环境污染规模效应时，在整个产业结构调整阶段环境污染排放量与人均GDP之间呈正相关的线性关系的结论是成立的。

结构调整过程中,第三产业比重会一直增加,则用第三产业比重大小来度量产业结构调整状况时,在整个产业结构调整阶段,第三产业比重与环境污染排放量之间存在倒 U 型曲线关系[1]。

一国在经济发展过程中,经济增长的同时产业结构也在进行调整。因此,在整个产业结构调整阶段,当经济增长速度的环境污染规模效应和产业结构调整的环境污染结构效应同时存在时,在第一产业为主导向第二产业为主导转变时期环境污染排放量是增加的,在第二产业为主导向第三产业为主导转变时期环境污染排放量具有不确定性。在第二产业为主导向第三产业为主导转变时期环境污染排放量主要有四种类型:① 如果经济增长速度的环境污染规模效应一直占主导地位,则在该阶段环境污染排放量会一直增加,② 如果产业结构调整的环境污染结构效应一直占主导地位,则在该阶段环境污染排放量会一直减少,③ 先是产业结构调整的环境污染结构效应占主导地位,然后是经济增长速度的环境污染规模效应占主导,则在该阶段环境污染排放量先减少后增加,④ 先是产业结构调整的环境污染结构效应占主导地位,然后是经济增长速度的环境污染规模效应占主导,最后是产业结构调整的环境污染结构效应占主导地位,则在该阶段环境污染排放量先减少后增加最后减少。

由于在第一产业为主导向第二产业为主导转变时期环境污染排放量一直增加,因此当第二产业为主导向第三产业为主导转变时期环境污染排放量一直增加时,在整个产业结构调整阶段,人均 GDP 与环境污染排放量之间存在正相关的线性关系;当第二产业为主导向第三产业为主导转变时期环境污染排放量一直减少时,在整个产业结构调整阶段人均 GDP 与环境污染排放量之间存在倒 U 型曲线关系;当第二产业为主导向第三产业为主导转变时期环境污染排放量先减少后增加时,在整个产业结构调整阶段,人均 GDP 与环境污染排放量之间存在波浪型曲线关系;当第二产业为主导向第三产业为主导转变时期环境污染排放量先减少然后增加最后减少时,在整个产业结构调整阶段,人均 GDP 与环境污染排放量之间存在双倒 U 型曲线关系。

---

[1] 只存在产业结构调整的环境污染结构效应时,在整个产业结构调整阶段,第三产业比重与环境污染排放量之间存在倒 U 型曲线关系的结论是成立的;在经济增长速度的环境污染规模效应和产业结构调整的环境污染结构效应同是存在时,在整个产业结构调整阶段,第三产业比重与环境污染排放量之间不一定存在倒 U 型曲线关系。

CHAPTER 3 第三章
产业结构调整与环境污染排放

环境污染问题是我国目前面临的重大现实问题。现阶段,我国环境污染形势依然十分严峻,环境污染排放量仍然在高位运行。我国目前仍然是世界上污染排放量最大的发展中国家。环境污染排放不仅给我国经济带来很大负面影响,而且还招致更多的国际批评。影响环境污染的因素有很多,例如产业结构、环境管制等。产业结构是其中最重要的因素,从产业结构角度研究环境污染问题就显得尤为重要。

第一节 文献回顾

国内外学者从产业结构角度对环境污染问题进行了大量的实证研究,取得了一系列的研究成果。但在产业结构调整与环境污染排放总量之间是否存在倒U型曲线关系这一问题上并未达成共识。这可能与研究的样本、时间段和方法有密切的关系。

一类学者研究表明:产业结构调整与环境污染排放量之间存在倒U型曲线关系。Grossman(1995)研究表明,亚洲国家的产业结构与环境污染之间存在倒U型曲线关系。Bruyn(1997)从经济规模效应、经济结构效应和技术效应构建了环境污染排放量的三因素分解模型,研究表明,产业结构调整与环境污染之间存在倒U型曲线关系。Panayotou(1999)从经济规模效应、经济结构效应和污染消减效应构建了环境污染排放的三因素分解模型,研究表明,产业结构调整与环境污染之间存在倒U型曲线关系。Groot(2000)研究指出,产业结构变化对环境污染产生影响时,必须满足两个前提条件,一是各产业具有不同的污染排放强度,二是存在行业结构变化的机制。如果满足以上两个条件,产业结构调整与环境污染排放量之间必然存在倒 U 型曲线关系。李鹏(2014)以 2004—2012 年中国的相关数据进行实证检验,研究结构表明:产业结构调整与环境污染之间存在倒 U 型曲线关系。

另一类学者研究结果表明,产业结构调整与环境污染之间的倒 U 型曲线关系并不成立。王青、赵景兰、包艳龙(2012)研究表明,产业结构与环境污染之间存在线性关系,倒 U 型曲线关系并不存在。许正松、孔凡斌(2014)研究表明,江西省综合环境污染指数与产业结构调整之间存在正 N 型曲线关系。

上述研究的不足主要体现在:(1)对于产业结构调整与环境污染之间存在的非倒 U 型曲线关系并没有进行相关数理证明;(2)相关研究一般采用传统的最小二乘法进行回归分析,这种回归分析方法具有一定的局限性,不能体现出产业结构调整对不同污染排放水平地区所产生的差异化影响。

本章基于上述文献的研究不足,进行了相关理论及实证研究。本章学术贡献主要体现在:(1)从环境污染的规模效应和结构性效应对对环境库兹涅茨各种曲线关系进行了论证。(2)本章采用分位数回归方法进行计量分析,能够充分反映出产业结构调整对低环境污染排放地区、中环境污染排放地区、高环境污染排放地区所产生的差异化影响。

第二节 产业结构调整与环境污染数排放理模型的构建

1997 年 Bruyn 将经济增长对环境污染的影响分解为三类效应,分别为规模效应、结构效应和技术效应,提出了环境污染排放量的三因素分解模型。

$$\frac{\dot{E}}{E} = \frac{\dot{Y}}{Y} + \sum_{j=1}^{n} e_j \frac{\dot{S}_j}{S_j} + \sum_{j=1}^{n} e_j \frac{\dot{I}_j}{I_j} \qquad (3-1)$$

其中,E 为该国的污染物排放量,$\dot{E}$ 为该国污染物排放量的改变量,$\frac{\dot{E}}{E}$ 为该国污染物排放量的增长率。Y 为该国的经济规模,$\dot{Y}$ 为该国经济规模的改变量,$\frac{\dot{Y}}{Y}$ 为该国经济规模的增长率,度量**规模效应**,其含义是经济规模增长越快,环境污排放量的增长越快,该国环境污染越严重。

e_j 为 j 部门排放量占总排污量的比重,S_j 为 j 部门增加值占总产出的比重,$\dot{S}_j$ 为 j 部门增加值占总产出的比重的改变量,$e_j \dfrac{\dot{S}_j}{S_j}$ 反映了**结构效应**,其含义是:如果 j 部门排放量占总排污量的比重越高,则随着 j 部门增加值占总产出的比重的增加,该国环境污染排放量的增长越快,该国环境污染越严重;如果 j 部门排放量占总排污量的比重越低,则随着 j 部门增加值占总产出的比重的增加,该国环境污染排放量的增长越慢,该国环境污染状况越容易得到改善。

I_j 为该国 j 部门单位产出的污染排放量,即 E_j/Y_j。$\dot{I}_j$ 为该国 j 部门单位产出的污染排放量的改变量,$\dfrac{\dot{I}_j}{I_j}$ 为该国 j 部门单位产出的污染排放量的增长率。$\dfrac{\dot{I}_j}{I_j}$ 反映了技术效应,其含义是:该国 j 部门的技术进步越快,则 j 部门单位产出的污染排放量的增长越慢,该国环境污染排放量的增长越慢,该国环境污染状况越容易得到改善。

本书对三因素分解模型进行适当修改,提出了环境污染排放量的两因素分解模型。由于结构效应暗含着技术效应,产业结构的升级需要技术的支持,因此本书将经济增长对环境污染的影响分解为两类效应,分别为规模效应、结构效应。

产业结构演进一般先经历从第一产业为主导向第二产业为主导转变,再经历从第二产业为主导向第三产业为主导转变。文章研究在整个产业结构调整过程中,产业结构调整与环境污染之间的关系。

一、产业结构从第一产业为主导向第二产业为主导转变

设定环境污染排放总量函数为:

$$E = f(Y, S) \qquad (3-2)$$

其中,E 表示环境污染排放总量,Y 表示总产出,度量经济规模大小,S 表示第三产业所占比重,度量产业结构状况。

一般而言,随着经济规模的增加,环境污染排放总量会增加。也就是环境污染的经济规模效应始终大于零。

$$\dfrac{\partial f(Y, S)}{\partial Y} > 0 \qquad (3-3)$$

一般而言,随着经济规模的增加,环境污染排放量会以递减的幅度增加。

$$\frac{\partial^2 f(Y, S)}{\partial^2 Y} < 0 \qquad (3-4)$$

在产业结构从第一产业为主导向第二产业为主导转变过程中,第二产业所占比重会增加,第三产业所占比重也会增加。由于环境污染主要来源于第二产业,因此环境污染排放总量会增加,也就是随着第三产业所占比重的增加,环境污染排放总量会增加,环境污染的产业结构效应大于零。

$$\frac{\partial f(Y, S)}{\partial S} > 0 \qquad (3-5)$$

一般而言,产业结构从第一产业为主导向第二产业为主导转变过程中,随着第三产业所占比重的增加,环境污染排放总量会以递减的幅度增加。

$$\frac{\partial^2 f(Y, S)}{\partial^2 S} < 0 \qquad (3-6)$$

环境污染的总效应由环境污染的规模效应和环境污染的产业结构效应构成,因而有

$$\frac{dE}{dS} = \frac{\partial f(Y, S)}{\partial Y}\frac{dY}{dS} + \frac{\partial f(Y, S)}{\partial S}\frac{dS}{dS} \qquad (3-7)$$

由于产业结构从第一产业为主导向第二产业为主导转变过程中,经济规模始终是增加的,同时第三产业所占比重也是增加的,因而有

$$\frac{dY}{dS} > 0 \qquad (3-8)$$

一般而言,在产业结构从第一产业为主导向第二产业为主导转变过程中,随着第三产业所占比重的增加,经济规模会以递增的幅度增加,因而有

$$\frac{d^2 Y}{d^2 S} > 0 \qquad (3-9)$$

结合式(3-3)、式(3-5)、式(3-7)、式(3-8)可得:

$$\frac{dE}{dS} > 0 \qquad (3-10)$$

式(3-10)的经济学含义为在产业结构从第一产业为主导向第二产业为主导转变过程中,随着产业结构调整,环境污染排放总量是不断增加的。

$$\frac{d^2 E}{d^2 S} = \frac{\partial^2 f(Y, S)}{\partial^2 Y} \frac{d^2 Y}{d^2 S} + \frac{\partial^2 f(Y, S)}{\partial^2 S} \frac{d^2 S}{d^2 S} \tag{3-11}$$

由式(3-4)、式(3-6)、式(3-9)、式(3-11)可得:

$$\frac{d^2 E}{d^2 S} < 0 \tag{3-12}$$

式(3-12)的经济学含义为在产业结构从第一产业为主导向第二产业为主导转变过程中,随着产业结构调整,环境污染排放总量是以递减的幅度增加的。

二、产业结构从第二产业为主导向第三产业为主导转变过程中,产业结构调整与环境污染之间的关系

一般而言,随着经济规模的增加,环境污染排放总量会增加,而且环境污染排放量会以递减的幅度增加,也就是环境污染的经济规模效应始终大于零。

$$\frac{\partial f(Y, S)}{\partial Y} > 0 \tag{3-13}$$

$$\frac{\partial^2 f(Y, S)}{\partial^2 Y} < 0 \tag{3-14}$$

在产业结构从第二产业为主导向第三产业为主导转变过程中,第二产业所占比重会减少,第三产业所占比重会增加。由于环境污染主要来源于第二产业,因此环境污染排放总量会减少,也就是随着第三产业所占比重的增加,环境污染排放总量会减少。环境污染的产业结构效应小于零。

$$\frac{\partial f(Y, S)}{\partial S} < 0 \tag{3-15}$$

一般而言,在产业结构从第二产业为主导向第三产业为主导转变过程中,随着第三产业所占比重的增加,环境污染排放总量减少的幅度会越来越大,因而有

$$\frac{\partial^2 f(Y, S)}{\partial^2 S} > 0 \tag{3-16}$$

由于产业结构从第二产业为主导向第三产业为主导转变过程中，经济规模始终是增加的，同时第三产业所占比重也是增加的，因而有

$$\frac{dY}{dS} > 0 \qquad (3-17)$$

一般而言，在产业结构从第二产业为主导向第三产业为主导转变过程中，随着第三产业所占比重的增加，经济规模会以递减的幅度增加，因而有

$$\frac{d^2Y}{d^2S} < 0 \qquad (3-18)$$

环境污染的总效应由环境污染的规模效应和环境污染的产业结构效应构成，因而有

$$\frac{dE}{dS} = \frac{\partial f(Y,S)}{\partial Y}\frac{dY}{dS} + \frac{\partial f(Y,S)}{\partial S}\frac{dS}{dS} \qquad (3-19)$$

$$\frac{d^2E}{d^2S} = \frac{\partial^2 f(Y,S)}{\partial^2 Y}\frac{d^2Y}{d^2S} + \frac{\partial^2 f(Y,S)}{\partial^2 S}\frac{d^2S}{d^2S} \qquad (3-20)$$

结合式(3-13)、式(3-15)、式(3-17)、式(3-19)可知，$\frac{dE}{dS}$ 的值具有不确定性。

结合式(3-14)、式(3-16)、式(3-18)、式(3-20)可知：

$$\frac{d^2E}{d^2S} > 0 \qquad (3-21)$$

当环境污染的经济规模效应占主导时，

$$\frac{dE}{dS} > 0 \qquad (3-22)$$

式(3-22)的经济学含义为在产业结构从第二产业为主导向第三产业为主导转变的过程中，如果环境污染的经济规模效应占主导时，则环境污染排放总量会一直增加。

再结合式(3-21)可知：在产业结构从第二产业为主导向第三产业为主导转变的过程中，如果环境污染的经济规模效应占主导时，则环境污染排放总量会一

直增加,而且环境污染排放量会以递增的幅度增加。

当环境污染的产业结构效应占主导时,

$$\frac{dE}{dS} < 0 \qquad (3-23)$$

式(3-23)的经济学含义为在产业结构从第二产业为主导向第三产业为主导转变的过程中,如果环境污染的产业结构效应占主导时,则环境污染排放总量会减少。

再结合式(3-21)可知:在产业结构从第二产业为主导向第三产业为主导转变的过程中,如果环境污染的经济结构效应占主导时,则环境污染排放总量会减少,而且环境污染排放量减少的幅度会越来越大。

当环境污染的经济规模效应等于环境污染的产业结构效应时,

$$\frac{dE}{dS} = 0 \qquad (3-24)$$

式(3-24)的经济学含义为在产业结构从第二产业为主导向第三产业为主导转变的过程中,如果环境污染的产业结构效应等于环境污染的经济规模效应,则环境污染排放总量不会改变。

三、产业结构调整与环境污染之间可能存在的两类曲线形状

1. 倒 U 型曲线形状

由式(3-10)、式(3-12)、式(3-21)、式(3-23)可知,在整个产业结构调整阶段,产业结构调整与环境污染排放总量之间存在倒 U 型曲线关系,如图 3-1 所

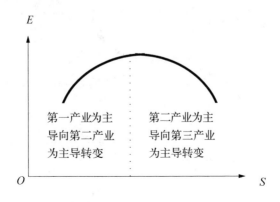

图 3-1　产业结构调整与环境污染排放之间存在倒 U 型曲线关系

示。倒 U 型曲线形状所对应的经济学含义为随着产业结构调整的不断推进,环境污染排放总量先是不断增加,然后不断下降。

2. 非倒 U 型曲线

由式(3-10)、式(3-12)、式(3-24)可知,在整个产业结构调整阶段,随着产业结构调整的不断推进,环境污染排放总量先是不断增加,然后保持不变,这说明产业结构调整与环境污染排放总量之间存在非倒 U 型曲线关系,如图 3-2 所示。

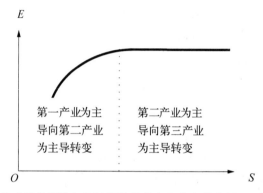

图 3-2　产业结构调整与环境污染排放之间存在的非倒 U 型曲线关系

由式(3-10)、式(3-12)、式(3-21)、式(3-22)可知,在整个产业结构调整阶段,随着产业结构调整的不断推进,环境污染排放总量始终是不断增加的,这说明产业结构调整与环境污染排放总量之间存在的非倒 U 型曲线关系。图 3-3 是所对应的图形。

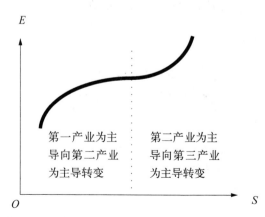

图 3-3　产业结构调整与环境污染排放之间存在的非倒 U 型曲线关系

第三节　计量模型研究设计

一、样本选择

文章选取我国 30 个省市自治区 2004—2013 年相关数据为分析样本。由于西藏自治区相关数据缺失严重，在进行样本分析时该自治区被剔除。

二、变量定义

变量定义如表 3-1。

表 3-1　变 量 定 义

变 量 名 称	变量的经济学含义
二氧化硫排放量（单位：吨）	度量环境污染状况。二氧化硫排放量越大，环境污染越排放总量越大；二氧化硫排放量越小，环境污染越排放总量越小
第三产业所占比重（单位：%）	度量产业结构调整状况。一般而言，第三产业所占比重增加越快，产业结构调整越剧烈；第三产业所占比重增加越慢，产业结构调整越不剧烈
国内生产总值（单位：亿元）	度量经济规模状况。国内生产总值越大，经济规模越大；国内生产总值越小，经济规模越小
废气治理投资额（单位：万元）	度量环境污染治理状况。废气治理投资额越大，环境污染治理力度越大；废气治理投资额越小，环境污染治理力度越小
技术市场成交额（单位：亿元）	度量技术水平状况。技术市场成交额越大，技术水平越高；技术市场成交额越小，技术水平越低
煤炭消费量（单位：万吨）	度量传统能源消费状况。煤炭消费量越大，传统能源消费量越大；煤炭消费量越小，传统能源消费量越小
城市人口所占比重（单位：%）	度量城市化进程状况。城市人口所占比重越高，城市化进程越快；城市人口所占比重越低，城市化进程越慢
人口密度（单位：人/平方米）	度量人口集聚程度。人口密度越大，人口集聚程度越高；人口密度越小，人口集聚程度越低
人均公园绿地面积（单位：平方米/人）	度量生态资源禀赋。人均公园绿地面积越大，地区生态资源禀赋越丰裕；人均公园绿地面积越小，地区生态资源禀赋越不丰裕

三、回归结果报告

表 3-2 中分别为 10% 的分位数回归结果、50% 的分位数回归结果、90% 的分位数回归结果。

表 3-2 分位数回归结果

解释变量名称	分位数为 10% 的回归结果	分位数为 50% 的回归结果	分位数为 90% 的回归结果
国内生产总值	-13.393 75	10.204 58	-38.361 5*
国内生产总值 * 国内生产总值	-0.000 175 2***	-0.000 158 7	-0.000 618 2***
第三产业所占比重	-4 519.797	15 093.15***	38 428.39***
第三产业所占比重 * 第三产业所占比重	77.264 48	-124.475 6*	-469.031 2***
第三产业所占比重 * 国内生产总值	0.583 146 9*	-0.094 941 8	1.554 085***
废气治理投资额	-0.235 387 6	-0.144 228 5	0.073 122 1
技术市场成交额	-121.412 1	9.449 327	-320.850 9
煤炭消费量	40.319 67***	40.478 64***	40.716 25***
城市人口所占比重	-10 197.06***	-8 297.02***	-12 066.53***
人口密度	-18.002 66	-4.819 678	-60.991 42***
人均公园绿地面积	2.683 427	-46.171 49***	-74.685 75***
常数项	577 216.7***	277 038.9***	494 942.2***

注：* 表示 10% 的显著性水平，** 表示 5% 的显著性水平，*** 表示 1% 的显著性水平。国内生产总值 * 国内生产总值表示国内生产总值与国内生产总值乘积的交互项；第三产业所占比重 * 第三产业所占比重表示第三产业与第三产业乘积的交互项；第三产业所占比重 * 国内生产总值表示第三产业与国内生产总值乘积的交互项。

表 3-2 中数据显示，第三产业所占比重 * 第三产业所占比重的回归系数在 50% 的分位数水平、90% 的分位数水平通过显著性水平检验，而且回归系数均为负值。这表明对于中、高环境污染排放水平地区而言，产业结构调整与环境污染排放量之间存在倒 U 型曲线关系。第三产业所占比重 * 第三产业所占比重的回归系数在 10% 的分位数水平没有通过显著性水平检验，而且回归系数为正值。

这表明,对于低环境污染排放地区而言,产业结构调整与环境污染排放量之间的倒 U 型曲线关系并不成立。

国内生产总值*国内生产总值的回归系数在 10%、90%的分位数回归中通过 1%的显著性水平检验,而且回归系数均为负值,但在 50%的分位数回归中没有通过 10%的显著性水平检验。这说明,对于低、高环境污染排放地区而言,环境库兹涅茨倒 U 型曲线关系成立,但对于中等环境污染排放地区而言,环境库兹涅茨倒 U 型曲线关系并不成立。

第三产业所占比重*国内生产总值的回归系数在 10%的分位数回归中通过 10%显著性水平检验,而且回归系数为正值;在 90%的分位数回归中通过 1%显著性水平检验,而且回归系数为正值。这表明,对于低、高环境污染排放地区而言,在产业结构调整与经济规模增加的共同作用下,环境污染排放量是不断增加的。第三产业所占比重*国内生产总值的回归系数在 50%的分位数回归中为负值,但没有通过 10%的显著性水平检验。这说明在产业结构调整与经济规模增加的共同作用下,环境污染排放量是不断减少的,但产业结构调整与经济规模增加的共同作用对环境污染排放的影响并不显著。

煤炭消费量的回归系数在 10%、50%、90%的分位数回归中,均通过 1%的显著性水平检验,而且回归系数为正数。这说明,传统能源消费的增加会导致环境污染排放量增加,会恶化我国的环境污染状况。

城市人口所占比重的回归系数在 10%、50%、90%的分位数回归中,均通过 1%的显著性水平检验,而且回归系数为负数。这说明,城市化水平的提高会抑制环境污染排放量的增加,不断提高的城市化水平有利于环境污染状况的改善。

人均公园绿地面积的回归系数在 50%的分位数回归、90%的分位数回归均通过 1%的显著性水平检验,而且回归系数为负值,但没有通过 10%的分位数回归检验。这说明,对于中、高环境污染排放地区而言,地区生态资源禀赋的增加,有利于改善地区环境污染状况,但对于低环境污染排放地区而言,地区生态资源禀赋的增加,并不能改善地区环境污染状况。

人口密度的回归系数在 90%的分位数回归通过 1%的显著性水平检验,而且回归系数为负值,但没有通过 10%、50%的分位数回归检验。这说明对于高环境污染排放地区而言,城市集聚有利于改善地区环境污染状况,但对于低、中环境污染排放地区而言,城市集聚并不能显著改善地区环境污染状况。

技术市场成交额的回归系数在 10%、50%、90%的分位数回归中,均没有通过 10%的显著性水平检验。这说明技术进步并没有显著改善环境污染状况。废气治理投资额回归系数在 10%、50%、90%的分位数水平回归中,均没有通过 10%的显著性水平检验。这说明环境污染治理投资并没有显著改善环境污染状况。

第四节 本章小结

本章对产业结构调整与环境污染排放之间的数量关系进行了理论及实证研究,研究得出以下结论。

本章基于环境污染的规模效应和结构效应对环境库兹涅茨曲线的各种形状进行了论证,充分说明了环境库兹涅茨倒 U 型和非倒 U 型曲线存在的可能性。

采用我国 2004 年至 2013 年相关数据,运用分位数回归方法进行检验,研究结果表明:对于中、高环境污染排放地区而言,产业结构调整与环境污染排放量之间存在倒 U 型曲线关系;对于低环境污染排放地区而言,产业结构调整与环境污染排放量之间的倒 U 型曲线关系并不成立。

CHAPTER 4 第四章
产业结构调整有利于碳排放的减少吗？

第一节 文献回顾

减少碳排放是各国实现绿色发展的必然要求。目前，世界各国正在大力进行产业结构调整。产业结构调整会对碳排放产生怎样的影响？产业结构调整会抑制碳排放还是增加碳排放？产业结构调整与碳排放之间存在怎样的数量关系？这些问题是本书研究的重要内容。

对于我国的碳排放问题，从产业结构调整角度对其进行研究是重要的逻辑出发点。我国学者主要从以下两方面进行相关研究。

一方面是产业结构调整与碳排放的因果关系研究，即产业结构调整是否会导致碳排放量的变化。段莹（2010）以湖北省为样本来研究产业结构调整对碳排放的影响，研究表明：产业结构变动是单位产出碳排放变动的格兰杰原因，产业结构变动对降低碳排放有显著促进作用。谭飞燕、张雯（2011）运用省级面板数据对中国产业结构变动的碳排放效应进行分析，研究结果表明：优化产业结构是碳排放减少的主要原因。李科（2014）运用动态面板平滑转化模型对中国产业结构与碳排放量之间的数量关系进行实证研究，研究表明：提高产业结构的高端化水平是实现减排的重要途径。孙作人、周德群（2013）运用迪氏分解法对我国碳排放的驱动因素进行分析，研究发现：第二产业碳排放强度的下降是我国碳排放强度下降的主要原因。仲伟周、姜锋、万晓利（2015）研究发现，优化和调整产业结构能够达到有效降低我国碳排放强度的目的。刘建翠（2013）运用因素分解法测算了产业结构变动和技术创新对碳排放的影响，研究表明，技术进步是推动碳排放强度下降的主要原因,产业结构变动对碳排放强度下降的影响作用较小。

另一方面是产业结构调整与碳排放量之间的数量关系研究。韩坚、盛培宏(2014)基于我国东部15个省市的面板数据对产业结构与碳排放之间的数量关系进行实证研究,结果显示:第二产业增加值比重增加对碳排放总量有显著正影响。郭朝先(2012)采用1996年至2009年的数据定量分析了产业结构变动对碳排放的影响。结果显示,产业结构变动将减少碳排放5亿吨左右。原嫄、席强敏、孙铁山、李国平(2016)基于多国数据对产业结构调整与区域碳排放之间的数量关系进行实证研究,结果显示:产业升级更加有利于中高等发展水平国家减少碳排放量。徐成龙、任建兰、巩灿娟(2014)研究了山东省的产业结构调整对碳排放的影响,研究结果显示:山东省工业比重每上升1%,二氧化碳排放量增加大约8 000 000吨标准煤。

本章仍然从产业结构调整角度对碳排放问题进行相关研究,但研究的样本与上述文献不同。上述文献所采用的样本多数局限于我国,而忽略了对国外样本的分析。国外也同样存在碳排放问题,因此,有必要将其他国家纳入分析框架。将国外样本纳入分析框架后,产业结构变动对碳排放是否仍然存在显著的抑制作用,是本书要研究的重要内容。本章以37个国家为样本进行分析,是对已有研究的一个拓展。

第二节 理 论 模 型

假定国家i在第t期的生产函数满足柯布-道格拉斯生产函数形式:

$$Y_{it} = A^{\sigma} K_{it}^{\alpha} L_{it}^{\beta} \tag{4-1}$$

其中,Y_{it}表示i国在t期的产量,K_{it}表示i国在t期的资本存量,L_{it}表示i国在t期的劳动投入量,A是生产效率,α、β是要素份额,σ是生产效率参数。α、β均大于零。

假定市场是完全竞争的。根据利润最大化时的劳动报酬等于劳动的边际产出,可得:

$$w_{it} = \beta A^{\sigma} K_{it}^{\alpha} L_{it}^{\beta-1} \tag{4-2}$$

根据利润最大化时资本利息等于资本的边际产出,可得:

$$r_{it} = \alpha A^{\sigma} K_{it}^{\alpha-1} L_{it}^{\beta} \tag{4-3}$$

由式(4-1)、式(4-2)、式(4-3)可得:

$$Y_{it} = A^{\sigma} \left(\frac{\alpha L_{it}}{\beta} \times \frac{w_{it}}{r_{it}} \right)^{\alpha} L_{it}^{\beta} \tag{4-4}$$

假定在 i 时期要素流动是完全自由的,则各国劳动报酬均相等,各国的资本报酬也均相等。则有:

$$w_{it} = w, \ r_{it} = r \tag{4-5}$$

由式(4-4)和式(4-5)可得:

$$Y_{it} = \left(\frac{\alpha w}{\beta r} \right)^{\alpha} A^{\sigma} L_{it}^{\alpha+\beta} \tag{4-6}$$

对于生产效率 A,考虑碳排放量、产业结构调整、城市化进程、单位 GDP 能耗、高新技术水平、人口年龄结构、生态资源禀赋因素均对其产生影响。设定各因素对生产效率的影响采用柯布-道格拉斯生产函数形式。

$$A = C_{it}^{\delta} S_{it}^{\phi} U_{it}^{\theta} N_{it}^{\eta} T_{it}^{\lambda} P_{it}^{\mu} F_{it}^{\psi} \tag{4-7}$$

其中, C_{it} 表示 i 国在 t 期的碳排放量, S_{it} 表示 i 国在 t 期的产业结构调整状况, U_{it} 表示 i 国在 t 期的城市化进程, N_{it} 表示 i 国在 t 期的单位 GDP 的能耗, T_{it} 表示 i 国在 t 期的高新技术水平, P_{it} 表示 i 国在 t 期的人口年龄结构, F_{it} 表示 i 国在 t 期的生态资源禀赋状况。δ, ϕ, θ, η, λ, μ 和 ψ 均为不等于零的参数。

本章假定各国劳动投入量 L_{it} 为固定值,而且各国劳动投入量不具有流动性。为简化运算,文章设定, $L_{it} = 1$。联立式(4-6)和式(4-7),并取自然对数可得:

$$\begin{aligned} \ln C_{it} = & -\frac{1}{\delta} \ln \frac{\alpha w}{\beta r} + \frac{1}{\sigma \delta} \ln Y_{it} + \left(-\frac{\phi}{\delta} \right) \ln S_{it} + \left(-\frac{\theta}{\delta} \right) \ln U_{it} + \left(-\frac{\eta}{\delta} \right) \ln N_{it} \\ & + \left(-\frac{\lambda}{\delta} \right) \ln T_{it} + \left(-\frac{\mu}{\delta} \right) \ln P_{it} + \left(\frac{\psi}{\delta} \right) \ln F_{it} \end{aligned} \tag{4-8}$$

第三节 计量模型研究设计

一、样本选择

本章选取部分发展中国家和部分发达国家为样本进行分析,样本总数为37个。选取的发展中国家分别为:中国、孟加拉国、柬埔寨、印度、印度尼西亚、伊朗、哈萨克斯坦、马来西亚、蒙古国、巴基斯坦、菲律宾、斯里兰卡、泰国、越南、埃及、尼日利亚、南非、墨西哥、巴西、俄罗斯、乌克兰。选取的发达国家分别为:日本、韩国、新加坡、加拿大、美国、捷克、法国、德国、意大利、荷兰、波兰、西班牙、土耳其、英国、澳大利亚、新西兰。

二、数据来源

本章采用所选样本的1996—2011年的相关数据进行计量模型分析。相关数据来源于历年的《国际统计年鉴》。其中,少量样本相关数据缺失,文章进行了插值处理。

三、变量定义

本书对计量模型相关变量进行了定义,表4-1是各变量的定义描述。$LnCO_2$表示对CO_2取对数后的变量,Lnthird 表示对 third 取对数后的变量,Lnurbanpop 表示对 urbanpop 取对数后的变量,Lnenergy 表示对 energy 取对数后的变量,Lnforest 表示对 forest 取对数后的变量,Lntech 表示对 tech 取对数后的变量,LnGDP 表示对 GDP 取对数后的变量,Lnpopulation 表示对 population 取对数后的变量。

表 4-1 变 量 定 义

变量名称	变 量 定 义	变量的经济学含义
CO_2	表示人均二氧化碳排放量,单位为吨。度量碳排放状况,CO_2与理论模型(8)中的C_{it}对应	由于二氧化碳排放是碳排放的主要来源,则地区人均二氧化碳排放量越大,该地区人均碳排放状况越严重

续 表

变量名称	变 量 定 义	变量的经济学含义
third	表示第三产业在整个产业中所占比重。单位为%。度量产业结构状况,third 与理论模型(8)中的 S_{it} 对应	一般而言,地区第三产业所占比重越大,该地区产业结构越优化
urbanpop	表示城市人口所占比重。单位为%。度量城市化进程,urbanpop 与理论模型(8)中的 U_{it} 对应	一般而言,地区城市人口所占比重越大,该地区城市化进程越高
energy	表示万美元国内生产总值能耗。单位为:吨标准油/万美元。度量单位产出的能源消耗状况,energy 与理论模型(8)中的 N_{it} 对应	一般而言,地区万美元国内生产总值能耗越大,该地区单位产出能源消费越大
forest	表示森林覆盖率。单位为%。度量生态资源禀赋状况,forest 与理论模型(8)中的 F_{it} 对应	一般而言,地区森林覆盖率越大,该地区生态资源禀赋越丰裕
tech	表示高技术出口占制成品出口的比重。单位:%。度量技术水平状况,tech 与理论模型(8)中的 T_{it} 对应	一般而言,地区高技术出口所占比重越高,该地区技术水平越先进
GDP	表示人均GDP。单位为:国际元。度量经济的富裕程度,GDP 与理论模型(8)中的 Y_{it} 对应	一般而言,地区人均 GDP 越大,该地区经济越富裕
population	表示 65 岁以上人口所占比重。单位为%。度量老龄化程度,population 与理论模型(8)中的 P_{it} 对应	一般而言,地区 65 岁人口所占比重越大,该地区老龄化程度越明显

注：本章中的碳排放指人均碳排放。

四、全样本回归结果报告

（一）不考虑交互项影响时的回归结果

表 4-2 是全样本回归结果报告。表 4-2 显示出，Lnthird 的回归系数为 -1.138 429，且通过 1% 的显著性水平检验。这说明产业结构的变动对碳排放会产生显著影响，第三产业所占比重提高 1%，碳排放量将减少 1.138 429%。

表 4-2 全样本回归结果报告

被解释变量：$LnCO_2$	回 归 系 数
Lnthird	−1.138 429***
Lnurbanpop	0.277 242 1***
Lnenergy	0.500 149 5***
Lnforest	0.013 674 7
Lntech	0.034 222 4
LnGDP	0.986 792 7***
Lnpopulation	0.355 552 6***
常数项	−5.833 604***

注：*** 为1%的显著性水平检验，** 为5%的显著性水平检验，* 为10%的显著性水平检验。

表 4-2 中，Lnurbanpop 的回归系数为 0.277 724 21，且通过 1% 的显著性水平检验，这说明城市化进程推进会显著增加碳排量。Lnenergy 的回归系数为 0.500 149 5，且通过 1% 的显著性水平检验，这表明单位 GDP 能耗的增加，会显著增加排放量。LnGDP 的回归系数为 0.986 792 7，且通过 1% 的显著性水平检验，这表明经济增长的同时会带来碳排放量的增加。Lnpopulation 的回归系数为正，且通过 1% 的显著性水平检验，这说明人口老龄化程度提高会显著增加碳排放量。Lntech 的回归系数为正，但没有通过 10% 的显著性水平检验，这说明技术进步对碳排放量的影响并不显著。Lnforest 的回归系数为正，但没有通过 10% 的显著性水平检验，这说明生态资源禀赋对碳排放量的影响并不显著。

（二）考虑交互项影响的全样本回归结果

表 4-3 中，Lnthird_LnGDP 表示 Lnthird 与 LnGDP 的交互项，Lnthird_LnGDP_Lntech 表示 Lnthird、LnGDP 与_Lntech 的交互项。

表 4-3 中，Lnthird 的回归系数为负数，但且通过 1% 的显著性水平检验，但 Lnthird_LnGDP 的回归系数为正数，且通过 1% 的显著性水平检验。这说明产业结构变动对碳排放的抑制作用会同时受到人均 GDP 的影响。

表 4-3 中，Lnthird_LnGDP_Lntech 的回归系数通过 5% 的显著性水平检验。这说明产业结构变动对碳排放的抑制作用会同时受到人均 GDP 和技术水平的

影响。Lnthird_LnGDP_Lntech 的回归系数为负值,这表明,在人均 GDP、科技水平和第三产业所占比重的共同影响下,随着人均 GDP 的增加和科技的进步,第三产业所占比重的提高仍然会对碳排放产生显著的抑制作用。

表 4-3 考虑交互项影响的回归结果

被解释变量:$LnCO_2$	回 归 系 数
Lnthird	-11.044 03***
Lnthird_LnGDP	1.228 676***
Lnthird_LnGDP_Lntech	-0.016 153 1**
Lnurbanpop	0.111 428 1
Lnenergy	0.661 064 1***
Lnforest	0.023 775 2
Lntech	0.636 819 8***
LnGDP	-3.828 642***
Lnpopulation	0.180 925 6
常数项	33.468 8***

注:*** 为 1% 的显著性水平检验,** 为 5% 的显著性水平检验,* 为 10% 的显著性水平检验。

五、分样本的回归结果

文章将所有样本分为发展中国家样本和发达国家样本两大类,然后分别进行回归分析,回归结果如表 4-4 所示。表 4-4 中,在发展中国家样本中 Lnthird 的回归系数为 -0.925 476 4,且通过 1% 的显著性水平检验。这说明发展中国家产业结构调整对碳排放有显著的抑制作用,第三产业所占比重每增加 1%,碳排放量将减少约为 0.93%。

表 4-4 分样本回归结果

被解释变量:$LnCO_2$	发展中国家样本的回归系数	发达国家样本的回归系数
Lnthird	-0.925 476 4**	-0.871 245 8*
Lnurbanpop	0.138 558 5	-0.325 461 8

续 表

被解释变量：LnCO$_2$	发展中国家样本的回归系数	发达国家样本的回归系数
Lnenergy	0.768 565 7***	0.315 884 6***
Lnforest	0.049 774	−0.057 877 6
Lntech	0.047 692 8	0.214 674 3***
LnGDP	1.016 345***	0.448 575 7***
Lnpopulation	0.093 168 5	0.144 467
常数项	−6.586 729***	1.716 122

注：*** 为1%的显著性水平检验，** 为5%的显著性水平检验，* 为10%的显著性水平检验。

表4-4中，在发达国家样本中Lnthird的回归系数为−0.871 245 8，且通过10%的显著性水平检验。这说明发达国家产业结构调整对碳排放有显著的抑制作用，第三产业所占比重每增加1%，碳排放量将减少约为0.87%。

综合上述分析可知，不论是发展中国家还是发达国家，产业结构调整对碳排放均具有显著的抑制作用。

六、产业结构调整对碳排放是否具有滞后影响的检验

表4-5是发展中国家产业结构调整对碳排放的滞后影响的检验。表4-5中，Lnthird_1表示Lnthird的滞后1期变量，Lnthird_2表示Lnthird的滞后2期变量，Lnthird_3表示Lnthird的滞后3期变量。Lnthird_1、Lnthird_2、Lnthird_3的回归系数均为负数，且均通过5%的显著性水平检验，这说明发展中国家的产业结构调整对碳排放存在滞后影响。

表4-5 发展中国家产业结构调整对碳排放影响的滞后效应检验

被解释变量：LnCO$_2$	滞后0期 （没有滞后期）	滞后1期	滞后2期	滞后3期
Lnthird	−0.925 476 4**			
Lnthird_1		−0.790 566 5**		
Lnthird_2			−0.702 274 9**	
Lnthird_3				−0.803 309**

续 表

被解释变量：$LnCO_2$	滞后 0 期（没有滞后期）	滞后 1 期	滞后 2 期	滞后 3 期
Lnurbanpop	0.138 558 5	0.145 384 9	0.155 117 6	0.187 544 9
Lnenergy	0.768 565 7***	0.833 384 8***	0.872 560 4***	0.865 379 2***
Lnforest	0.049 774	0.071 437 4	0.085 936 8*	0.102 035 2**
Lntech	0.047 692 8	0.051 795 5	0.052 985 9	0.041 585 8
LnGDP	1.016 345***	0.991 440 1***	0.978 656***	0.974 477***
Lnpopulation	0.093 168 5	0.004 695 3	−0.496 292	−0.016 138 7
常数项	−6.586 729***	−6.951 883***	−7.242 421***	−7.011 95***

注：*** 为1%的显著性水平检验，** 为5%的显著性水平检验，* 为10%的显著性水平检验。

综合以上分析可知，发展中国家的产业结构调整不仅对当期的碳排放产生抑制作用，还会在滞后期对碳排放产生抑制作用。

表 4-6 是发达国家产业结构调整对碳排放的滞后影响的检验。表 4-6 中，Lnthird_1 表示 Lnthird 的滞后 1 期变量，Lnthird_2 表示 Lnthird 的滞后 2 期变量，Lnthird_3 表示 Lnthird 的滞后 3 期变量。Lnthird_1、Lnthird_2、Lnthird_3 的回归系数均为正数，且均没有通过 10% 的显著性水平检验，这说明发达国家产业结构调整对碳排放不存在滞后影响。

表 4-6 发达国家产业结构调整对碳排放的滞后影响检验

被解释变量：$LnCO_2$	滞后 0 期	滞后 1 期	滞后 2 期	滞后 3 期
Lnthird	−0.871 245 8*			
Lnthird_1		0.115 710 5		
Lnthird_2			0.068 553 7	
Lnthird_3				0.325 705 3
Lnurbanpop	−0.325 461 8	−0.150 219 7	−0.020 684 2	0.076 872 3
Lnenergy	0.315 884 6***	0.409 072 2***	0.431 038 6***	0.434 873 7***
Lnforest	−0.057 877 6	−0.039 783 3	−0.041 754 1	−0.038 942 9
Lntech	0.214 674 3***	0.194 271 4***	0.181 828 5***	01 765 201***

续 表

被解释变量：LnCO$_2$	滞后0期	滞后1期	滞后2期	滞后3期
LnGDP	0.448 575 7***	0.403 919 31***	0.409 987 4***	0.403 624 4***
Lnpopulation	0.144 467	0.102 358 7	0.135 320 8	0.121 956 7
常数项	1.716 122	−2.705 356	−3.199 275	−4.609 608

注：*** 为1%的显著性水平检验，** 为5%的显著性水平检验，* 为10%的显著性水平检验。

综合以上分析可知，发达国家的产业结构调整仅对当期的碳排放产生抑制作用，不会对滞后期的碳排放产生抑制作用。

第四节 本章小结

本章采用37个国家的面板数据运用计量模型对产业结构调整与碳排放之间的数量关系进行了实证研究。研究得出以下结论。

本章的全样本回归研究结果表明：产业结构调整会对碳排放产生显著的影响，第三产业所占比重每增加1%，碳排放量将减少1.138 429%。全样本回归结果表明：城市化进程的提高、单位GDP能耗的增加、人口老龄化程度的提高会显著导致碳排放的增加，而科技进步、生态资源禀赋对碳排放的影响并不显著。

本章的分样本回归结果显示：产业结构调整对碳排放均具有显著的抑制作用，在发展中国家和发达国家均成立。

本章的交互项回归结果显示：产业结构调整对碳排放的抑制作用会同时受到人均GDP和科技水平的影响；在人均GDP、科技水平和第三产业所占比重的共同影响下，随着人均GDP的增加和科技的进步，第三产业所占比重的提高仍然会对碳排放产生显著的抑制作用。

本章的滞后效应回归结果表明：发达国家产业结构调整对碳排放不存在滞后影响，而发展中国家的产业结构调整对碳排放存在滞后影响，即发达国家过去几期的产业结构调整不会对当期的碳排放产生显著的抑制作用，而发展中国家过去几期的产业结构调整会对当期的碳排放产生显著的抑制作用。

CHAPTER 5 第五章

进口商品结构与环境污染排放关系的研究
——基于金砖国家面板数据的实证分析

第一节 引 言

  改善环境质量是我国现阶段面临的重大任务,也是困扰我国经济发展的重大难题。实现进口贸易与环境保护的和谐发展是我国面临的重大现实问题,也是学术研究和政策制定者需要充分考虑的命题。近年来,我国环境污染状况不断恶化,"三废"排放量不断增加。2012年《中国环境统计年报》数据显示:全国废水排放量达684.8亿吨,全国工业废气排放量为635 519亿立方米,全国一般工业固体废弃物产生量为32.9亿吨。而我国进口商品结构中工业制成品所占比重从2001年的81%左右下降到2013年的68%左右。我国现阶段进口工业制成品比重下降与环境污染排放增加之间存在一定联系吗?两者之间存在怎样的数量关系?本章将对其进行相关理论及实证分析。

  我国学者主要从出口商品结构角度研究了环境污染问题。李鹏(2014)研究了出口商品结构对环境污染的影响。研究表明:我国出口商品结构的优化并不能改善我国的环境污染状况。叶继革、余道先(2007)研究了出口贸易对环境污染的影响。研究表明:我国具有出口优势的工业行业大多属于污染密集型行业,出口贸易量的增加伴随着"三废"排放量的不断增加。然而,却缺少从进口商品结构角度研究环境污染问题的相关文献。从进口商品结构角度研究环境污染问题,是学术界的一个新的研究视角。本章从理论上论证了发展中国家进口商品结构与环境污染物排放量的数量关系,并采用金砖国家的相关数据进行了实证检验。

本章基于环境库兹涅茨倒 U 型曲线关系成立的前提下来论证进口商品结构与环境污染之间的数量关系。本章的创新性主要体现在:论证了发展中国家进口商品结构中工业制成品的比重与环境污染呈 U 型曲线关系的新观点,属于学术界的一个理论创新。研究发现:发展中国家在经济发展的初期阶段,随着进口商品结构中工业制成品比重的提高,环境质量会得到改善;在经济发展的高级阶段,随着进口商品结构中工业制成品比重的提高,环境质量会恶化。本章运用金砖国家的面板数据采用回归分析证实了研究结论的可靠性。

第二节 进口商品结构与环境污染排放关系的数理模型

本章在环境库兹涅茨倒 U 型曲线理论成立的前提下来研究进口商品结构与环境污染排放之间的数量关系。

设定总产量生产函数的形式如

$$Y = K^a L^{1-a}, 满足 0 < a < 1 \tag{5-1}$$

令 $k = \dfrac{K}{L}$,k 表示人均资本,$y = \dfrac{Y}{L}$,y 表示人均产量,则有:

$$y = k^a \tag{5-2}$$

根据式(5-2)可得:

$$y'(k) = ak^{a-1} = a\frac{1}{k^{1-a}} \tag{5-3}$$

因为 $0 < a < 1$,$k = \dfrac{K}{L} > 0$,所以

$$y'(k) > 0 \tag{5-4}$$

本章主要运用环境库兹涅茨倒 U 型曲线理论进行分析。环境库兹涅茨倒 U 型曲线形状如图 5-1 所示。

根据环境库兹涅茨倒 U 型曲线理论可知,当一个国家处于经济发展的初期阶段时(第一产业为主导向第二产业为主导转变时期),往往会以牺牲环境为代

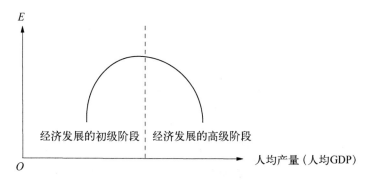

图 5-1　环境污染排放量 E 与人均产量之间的数量关系曲线

价来发展经济,即随着经济的发展,环境污染越严重。因此,在该阶段随着人均产量的增加,环境污染越严重。表达式如(5-5)所示。

$$E'(y) > 0 \tag{5-5}$$

$$E'(k) = E'(y)y'(k) \tag{5-6}$$

因为 $E(y)' > 0$, $y'(k) > 0$, 所以

$$E'(k) = E'(y)y'(k) > 0 \tag{5-7}$$

式(5-7)显示,当一个国家处于经济发展的初期阶段时,随着人均资本的增加,环境污染越严重。

根据环境库兹涅茨倒 U 型曲线理论可知,当一个国家处于经济发展的高级阶段时(第二产业为主导向第三产业为主导转变时期),不再会以牺牲环境为代价来发展经济,而是随着经济的发展,环境污染越减轻。因此,在该阶段随着人均产量的增加,环境污染排放量会减少。表达式如式(5-8)所示:

$$E'(y) < 0 \tag{5-8}$$

由式(5-4)和式(5-8)可得:

$$E'(k) = E'(y)y'(k) < 0 \tag{5-9}$$

式(5-9)显示,当一个国家处于经济发展的高级阶段时,随着人均资本的增加,环境污染排放量越减少。

结合式(5-7)、式(5-9)及环境库兹涅茨倒 U 型曲线形状可知,在整个经济发展阶段(先经历经济发展的初级阶段,再经历经济发展的高级阶段),环境污染排放总量与人均资本之间的数量关系如图 5-2 所示。

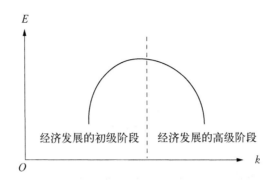

图 5-2　环境污染排放量 E 与人均资本 k 之间的数量关系曲线

一般而言,随着资本的不断积累,发展中国家人均资本量 k 会不断增加。由于工业制成品为资本密集型产品,随着人均资本量不断增加,发展中国家自身会不断增加工业制成品的生产,减少进口,进而导致进口商品结构中工业制成品所占比重的不断减少。

以 η 表示发展中国家进口商品结构中工业制成品所占的比重,则有:

$$\eta'(k) < 0 \text{ 或 } k'(\eta) < 0 \tag{5-10}$$

由式(5-7)、式(5-10)可知:当一个国家处于经济发展的初期阶段时,

$$E'(\eta) = E'(y)y'(k)k'(\eta) < 0 \tag{5-11}$$

式(5-11)表明:发展中国家处于经济发展的初期阶段时,随着进口商品结构中工业制成品所占比重的增加,环境污染排放量会不断减少。

由式(5-9)、式(5-10)可知:当一个国家处于经济发展的高级阶段时,

$$E'(\eta) = E'(y)y'(k)k'(\eta) > 0 \tag{5-12}$$

式(5-12)表明:发展中国家处于经济发展的高级阶段时,随着进口商品结构中工业制成品所占比重的增加,环境污染排放量会不断增加。

结合式(5-11)和式(5-12)可知,发展中国家在整个经济发展阶段,随着进口商品结构中工业制成品所占比重的不断增加,环境污染排放量先减少后增加。发展中国家环境污染排放量与进口商品结构中工业制成品所占比重之间呈 U 型曲线关系,如图 5-3 所示。在环境库兹涅茨倒 U 型曲线不成立时,本章研究结论则不成立。

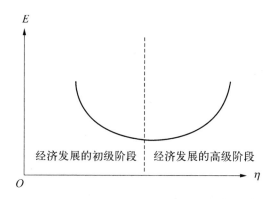

图 5-3　环境污染排放量 E 与进口商品结构中工业制成品所占比重 η 之间的数量关系曲线

第三节　计量模型研究设计

一、样本选择及变量定义

本章以中国、印度、俄罗斯、巴西为研究对象,四个国家均为发展中国家。由于南非在2010年才加入金砖国家组织,而本书采用的是1995—2007年的数据进行计量模型分析,因此本书的金砖国家只包括:中国、印度、俄罗斯、巴西这四个国家。各变量名称及含义如表5-1所示。

表 5-1　各变量名称及其含义

分　　类	变量名称	变　量　含　义
被解释变量	CO_2	表示二氧化碳排放量,单位:吨
解释变量	imstructure	进口商品结构,以进口工业制成品占总进口的比重表示,单位:%
	gnp	人均国民生产总值,单位:美元
	energy	能源使用量,单位:千克石油当量
	resfree	研发与开发经费支出占国内生产总值的比重,单位:%

二、数据描述

(一) 数据来源

为避免2008年世界经济危机对进口贸易的影响,文章采取金砖四国1995—2007年的数据进行实证分析。各变量相关数据均来自历年《国际统计年鉴》,针对缺失数据本书采用Matlab软件推算得其对应的估计值补全。图5-4为1995—2007年金砖四国二氧化碳排放量与进口商品结构关系的面板数据散点图及拟合线,横轴为进口商品结构中工业制成品所占比重,单位为%。纵轴为二氧化碳排放量,单位为吨。图5-4中的拟合线显示出两者之间为U型特征。

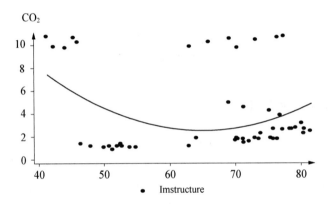

图5-4 金砖四国二氧化碳排放量与进口商品结构中工业制成品所占比重关系的散点图及拟合线

(二) 面板数据的统计性描述

表5-2 各变量数据的统计性描述

	CO_2	imstructure	gnp	energy	resfree
均　值	4.125 962	64.922 31	2 218.654	1 742.346	0.896 538
中位数	2.100 000	70.150 00	1 775.000	1 066.500	0.810 000
最大值	10.800 00	81.300 00	7 520.000	4 460.000	1.490 000
最小值	0.900 000	41.100 00	370.000 0	465.000 0	0.400 000
标准差	3.709 203	12.692 89	1 745.954	1 504.823	0.245 044

续　表

	CO_2	imstructure	gnp	energy	resfree
偏　度	0.996 485	−0.484 723	0.955 183	1.042 873	0.405 177
峰　度	2.194 189	1.727 466	3.294 969	2.268 446	2.438 463
观察值	52	52	52	52	52

三、模型设定

$$CO_{2i,t} = \alpha + \beta imstrcture_{i,t} + \gamma imstrcture * imstrcture_{i,t} + \delta gnp_{i,t} + \phi energy_{i,t} + \eta resfree_{i,t} + \varepsilon_{i,t}$$

其中，α 为常数项，β、γ、δ、ϕ、η 为各变量对应的回归系数，ε 为扰动项。如果 γ 的值为正，且通过显著性水平检验，说明金砖四国进口商品结构中工业制成品所占比重与二氧化碳排放量呈 U 型曲线关系；如果 γ 的值为负，且通过显著性水平检验，说明金砖四国进口商品结构中工业制成品所占比重与二氧化碳排放量呈倒 U 型曲线关系。

四、回归结果分析

表 5-3 是回归系数估计结果。imstructure 的系数 β 为负，且通过 5% 的显著性水平检验；imstructure * imstructure 的系数 γ 为正，且通过 5% 的显著性水平检验，表明进口商品结构与二氧化碳排放量之间存在正 U 型曲线关系。

表 5-3　回归系数估计结果

变量名称	变量对应的系数	系数的估计值	标准差	T 统计量	P 值
常数项	α	5.597 928**	2.723 369	2.055 516	0.045 5
imstructure	β	−0.212 469**	0.090 889	−2.337 680	0.023 8
imstructure * imstructure	γ	0.001 765**	0.000 717	2.461 055	0.017 7
resfree	η	0.945 343**	0.370 452	2.551 866	0.014 1
energy	ϕ	0.002 458***	7.18E−05	34.232 54	0.000 0
gnp	δ	−0.000 237***	5.59E−05	−4.247 719	0.000 1

注：*** 标示 1% 的显著性水平，** 表示 5% 的显著性水平，* 表示 10% 的显著性水平；回归结果分析的拟合度为 0.982 031。

正 U 型曲线关系对应的经济学含义是：随着进口商品结构中工业制成品所占比重的增加，二氧化碳排放不断减少，当达到最小值后，随着进口商品结构中工业制成品比重的增加，二氧化碳排放不断增加。

表 5-3 还显示出 ϕ、δ、η 的系数均通过 5% 的显著性水平。对应的经济学含义是：随着能源消费的增加，二氧化碳排放不断增加；随着人均国民生产总值的增加，二氧化碳排放不断减少；随着研发与开发经费支出占国内生产总值的比重的增加，二氧化碳排放不断增加。

五、面板数据格兰杰因果检验

面板格兰杰因果检验能够说明进口商品结构与二氧化碳排放之间的相互影响关系。主要有三大类，一是进口商品结构与二氧化碳排放之间存在双向的格兰杰因果关系；二是进口商品结构与二氧化碳排放之间存在单向的格兰杰因果关系；三是进口商品结构与之二氧化碳排放之间不存在格兰杰因果关系。

表 5-4 是进口商品结构与二氧化碳排放之间的面板格兰杰因果检验结果。进口商品结构不是二氧化碳排放的格兰杰原因的原假设所对应的 P 值为 0.046 0，说明在 5% 的显著性水平下，原假设被否定，即进口商品结构是二氧化碳排放的格兰杰原因。二氧化碳排放不是进口商品结构变动的格兰杰原因的原假设所对应的 P 值为 0.193 9，说明即使在 10% 的显著性水平下，原假设也被接受。这表明二氧化碳排放不是进口商品结构变动的格兰杰原因。因此，面板格兰杰因果检验的结论是：进口商品结构是二氧化碳排放的格兰杰原因，即进口商品结构的变动有助于解释二氧化碳排放量的变动；二氧化碳排放不是进口商品结构变动的格兰杰原因。

表 5-4 面板格兰杰因果检验

原假设	观察值	F 统计值	P 值
进口商品结构不是二氧化碳排放的格兰杰原因	40	2.969 19	0.046 0
二氧化碳排放不是进口商品结构的格兰杰原因	40	1.663 21	0.193 9

注：滞后阶数为 3。

第四节 本章小结

本章对进口商品结构与环境污染的关系进行了理论和实证研究。研究表明,在环境库兹涅茨倒U型曲线关系成立的前提下,发展中国家进口商品结构中工业制成品所占的比重与环境污染排放量之间呈U型曲线关系。发展中国家在经济发展的初期阶段,随着进口商品结构中工业制成品比重的提高,环境污染会减轻;在经济发展的高级阶段,随着进口商品结构中工业制成品比重的提高,环境污染会趋于恶化。该曲线所对应的政策含义体现在:在经济发展的初级阶段,发展中国家通过提高进口商品结构中工业制成品的比重来降低环境污染水平具有可行性,也为政府降低环境污染水平提供了一个新的政策工具。

本章采用金砖国家1995年至2007年的面板数据进行了实证检验。检验证实了发展中国家进口商品结构中工业制成品所占比重与二氧化碳排放呈正U型曲线关系。此外,本章的格兰杰因果检验表明:进口商品结构的变动有助于解释二氧化碳排放的变动。

目前,我国是世界上最大的发展中国家,还处于社会主义初级阶段,即处于经济发展的初级阶段向高级阶段转变时期。根据研究结论,文章认为:我国有必要通过继续增加进口商品结构中工业制成品的比例来降低环境污染排放量。

工业制成品的生产是产生环境污染的重要原因。通过增加进口商品结构中工业制成品的比例,从而会导致我国减少该工业制成品的生产,进而会减少环境污染排放量。

第二部分
PART Ⅱ

中国环境库兹涅茨倒 U 型曲线的再检验

本部分包括三章内容，分别为第六章、第七章、第八章。第六章为中国的环境库兹涅茨倒 U 型曲线一定成立吗？第七章为经济新常态特征下的环境库兹涅茨倒 U 型曲线检验——基于 CGE 模型的分析。第八章为碳排放符合环境库兹涅茨倒 U 型曲线特征吗？第六章、第七章主要采用中国的数据进行研究，第八章主要采用国际数据进行研究。

第六章对中国东、中、西三大区域的环境库兹涅茨曲线进行了实证检验，并从经济增长速度的环境污染规模效应和产业结构调整幅度的环境污染结构效应进行解释。

第七章运用 CGE 模型对中国经济新常态背景下的环境库兹涅茨倒 U 型曲线进行检验，从而有效识别环境污染物排放量的数量特征。

第八章以 37 个国家为样本，采用 1996—2011 年的面板数据对碳排放与经济增长之间的数量关系进行实证研究，从而对环境库兹涅茨倒 U 型曲线是否成立作出判断。

第六章 中国的环境库兹涅茨倒 U 型曲线一定成立吗

第一节 文献回顾

Grossman 和 Krueger(1991)在《北美自由贸易区协议对环境的影响》一文中首次提出了环境——收入倒 U 型曲线的存在性,也就是所谓的环境库兹涅茨倒 U 型曲线。在以后的研究中,国内外学者研究发现:一国环境污染排放量与该国人均 GDP 之间不仅存在倒 U 型曲线关系,还存在波浪型曲线、正 U 型曲线、单调上升曲线等多种曲线关系。

一国环境污染排放量与该国人均 GDP 之间存在倒 U 型曲线关系的主要文献回顾如下。Grossman 和 Krueger(1995)运用全球环境监测系统(GEMS)的四种污染物的数据研究表明:对于大多数环境污染物而言,环境污染物排放量与经济增长(人均 GDP)之间存在倒 U 型曲线关系;当人均 GDP 达到 8 000 美元之前,环境污染会随经济增长而不断恶化,当人均 GDP 达到 8 000 美元之后,环境污染会随经济增长而不断改善。Selden 和 Song(1994)、Cole et al.(1997)、Hilton 和 Levinson(1998)、Brajer et al.(2011)研究表明:环境污染与经济增长之间存在倒 U 型曲线关系。

一国环境污染排放量与该国人均 GDP 之间存在波浪型曲线关系的主要文献回顾如下。Friedl 和 Getzner(2003)研究发现:1960—1999 年奥地利的 CO_2 排放量与经济增长之间呈波浪型曲线关系,而不是倒 U 型曲线关系。沈满洪、许云华(2000)研究发现我国浙江省工业三废与人均 GDP 之间呈波浪型曲线关系。

一国环境污染排放量与该国人均 GDP 之间存在正 U 型曲线关系的主要文

献回顾如下。彭水军、包群(2006)运用我国1996年至2002年的省际面板数据研究发现,工业固体废弃物排放量与人均GDP之间存在正U型曲线关系。王敏、黄滢(2015)采用2003年至2010年我国112座城市数据研究发现,所有的大气污染浓度指标与人均GDP之间都呈现出U型曲线关系。

一国环境污染排放量与该国人均GDP之间存在单调上升曲线关系的主要文献回顾如下。Holtz Eakin 和 Selden(1995)以1951年至1986年130个国家的样本数据对EKC曲线进行检验,研究表明环境污染物CO_2排放量与人均GDP之间并不是倒U型曲线关系,而是单调上升曲线关系,也就是随着人均GDP的增加,CO_2排放量会一直增加。李国志、李宗植(2011)采用我国1996年至2008年的数据研究表明:我国西部地区人均CO_2排放量与经济增长之间呈线性关系,也就是随着人均实际GDP的增加,人均CO_2排放量会一直增加。

虽然国内外学者验证了一国环境污染排放与该国人均GDP之间存在倒U型曲线、波浪型曲线、单调上升曲线等多种曲线关系,但并没有找到恰当的分析视角及分析方法论证多种曲线关系的形成机制,大多停留在实证检验层面。本章首次从经济增长速度和产业结构调整幅度对环境污染排放量产生影响的角度论证了一国环境污染排放量与人均GDP之间存在倒U型曲线、波浪型曲线、单调上升曲线的可能性,这是本书研究思路上的一个创新。已有相关文献主要运用计量模型进行实证研究,而本书采用校准分析方法对中国环境污染排放量与中国人均GDP之间数量关系进行实证研究,并证实了不同地区出现倒U型曲线、波浪型曲线、单调上升环境库兹涅茨曲线所满足的前提条件,这是本书研究方法上的一个创新。因此,本书是对已有环境库兹涅茨倒U型曲线研究的一个补充,弥补了国内外学者在该领域的研究缺陷。本章结构安排如下:第一节为文献回顾,第二节为计量模型研究设计,第三节为线性、倒U型、波浪型环境库兹涅茨曲线存在的影响机制分析,第四节为一个校准分析,第五节为主要研究结论。

第二节　计量模型研究设计

一、样本选择

文章选取我国31个省、区、市作为分析的样本进行实证研究,分别为:北京、天津、河北、辽宁、上海、江苏、浙江、福建、山东、广东、海南、山西、安徽、江西、河南、湖北、湖南、黑龙江、吉林、四川、重庆、广西、内蒙古、贵州、云南、陕西、甘肃、青海、宁夏、新疆、西藏。

二、数据说明

本章采用我国1994—2015年的环境污染物和人均GDP数据进行实证分析,数据来源于历年的《中国统计年鉴》。由于化学需氧量(COD)能够很好地反映出水体的污染程度,文章选用COD作为典型的环境污染物。COD数据的计量单位为:万吨。文章中的人均GDP以RGDP来表示。RGDP数据的计量单位为:元/人。

三、回归结果分析

(一)不考虑空间地理因素影响时的全样本OLS回归结果

表6-1中第2列的数据显示:RGDP * RGDP的回归系数为负值,且通过1%的显著性水平的检验,这说明不考虑空间地理因素影响时在全国范围内COD排放量与人均GDP之间存在倒U型曲线关系。表6-1中第3列的数据显示:RGDP * RGDP * RGDP的回归系数为负值,但没有通过10%的显著性水平的检验,这说明不考虑空间地理因素影响时在全国范围内COD排放量与人均GDP之间只存在显著的倒U型曲线关系。

表6-1 不考虑空间地理因素影响时的全样本回归结果报告

解 释 变 量	回 归 系 数	回 归 系 数
RGDP	0.002 416 3*** (7.88)	0.001 446 7*** (1.79)
RGDP * RGDP	−2.29e−08*** (−7.72)	8.95e−10 (0.05)
RGDP * RGDP * RGDP		−1.56e−13 (−1.30)
常数项	13.964 65** (2.34)	23.772 06** (2.47)

注:被解释变量为COD,括号内为t值。*表示10%的显著性水平;**表示5%的显著性水平;***表示1%的显著性水平。

（二）不考虑空间地理因素影响时的子样本 OLS 回归结果

本章将全样本按东部地区、中部地区、西部地区分为三个子样本进行回归分析。其中东部地区样本为：北京、天津、河北、辽宁、上海、江苏、浙江、福建、山东、广东、海南；中部地区样本为：山西、安徽、江西、河南、湖北、湖南、黑龙江、吉林；西部地区样本为：四川、重庆、广西、内蒙古、贵州、云南、陕西、甘肃、青海、宁夏、新疆、西藏。

图 6-1 为我国东部地区 COD 排放量与人均 GDP 之间的散点图及拟合线。图 6-1 中的拟合线显示出明显的倒 U 型曲线形状。

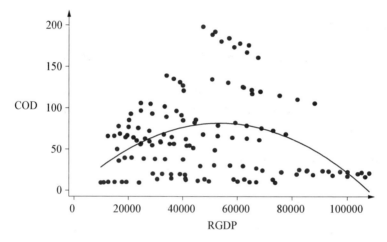

图 6-1 我国东部地区 COD 排放量与人均 GDP 之间的散点图及拟合线

表 6-2 为不考虑空间地理因素影响时我国东部地区的 OLS 回归结果。表 6-2 中第 2 列的数据显示：RGDP * RGDP 的回归系数为负值且通过 1% 的显著性水平的检验，这说明不考虑空间地理因素影响时在我国东部地区 COD 排放量与人均 GDP 之间存在显著的倒 U 型曲线关系[1]。表 6-2 中第 3 列的数据显示：RGDP * RGDP * RGDP 的回归系数为正值，但没有通过 10% 的显著性水平检验，这说明不考虑空间地理因素影响时我国东部地区 COD 排放量与人均 GDP 之间只存在显著的倒 U 型曲线关系。

---

[1] $y = ax^2 + bx + c$ 中，当 $a < 0$，则 y 与 x 之间呈倒 U 型曲线关系；当 $a > 0$，则 y 与 x 之间呈 U 型曲线关系。

表 6-2 不考虑空间地理因素影响时我国东部地区的回归结果报告

解 释 变 量	回 归 系 数	回 归 系 数
RGDP	0.003 000 5*** (4.35)	0.003 277 (1.49)
RGDP * RGDP	−2.80e−08*** (−4.61)	−3.36e−08 (−0.79)
RGDP * RGDP * RGDP		3.23e−14 (0.13)
常数项	1.251 051* (0.07)	−2.463 059 (−0.08)

注：被解释变量为 COD，括号内为 t 值。* 表示 10%的显著性水平；** 表示 5%的显著性水平；*** 表示 1%的显著性水平。

图 6-2 为我国中部地区 COD 排放量与人均 GDP 之间的散点图及拟合线。图 6-2 中的拟合线显示出明显的波浪型曲线形状。

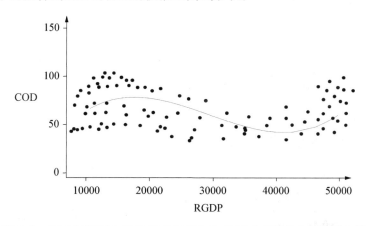

图 6-2 我国中部地区 COD 排放量与人均 GDP 之间的散点图及拟合线

表 6-3 为不考虑空间地理因素影响时我国中部地区的 OLS 回归结果。表 6-3 中第 3 列的数据显示：RGDP * RGDP * RGDP 的回归系数为正值，且通过 1%的显著性水平的检验，这说明不考虑空间地理因素影响时在我国中部地区 COD 排放量与人均 GDP 之间存在显著的波浪型曲线关系[1]。表 6-3 中第 4 列

[1] $y = ax^3 + bx^2 + cx + d$ 中，当 $a > 0$，则 y 与 x 之间呈波浪型曲线关系；当 $a < 0$ 时，则 y 与 x 之间呈倒波浪型曲线关系。

的数据显示:RGDP∗RGDP∗RGDP∗RGDP 的回归系数为负值,但没有通过 10%的显著性水平的检验,表 6-3 中第 2 列的数据显示:RGDP∗RGDP 的回归系数为负值,但没有通过 10%的显著性水平的检验,这都说明不考虑空间地理因素影响时在我国东部地区 COD 排放量与人均 GDP 之间只存在显著的波浪型曲线关系。

表 6-3　不考虑空间地理因素影响时我国中部地区的回归结果报告

解释变量	回归系数	回归系数	回归系数
RGDP	0.002 001 3 (1.64)	−0.012 906*** (−3.25)	0.002 060 6 (0.16)
RGDP∗RGDP	−7.40e−09 (−0.33)	5.73e−07*** (3.83)	−3.72e−07 (−0.48)
RGDP∗RGDP∗RGDP		6.70e−12*** (−3.92)	1.71e−11 (0.88)
RGDP∗RGDP∗RGDP∗RGDP			−2.06e−16 (−1.23)
常数项	28.369 54* (1.92)	136.039 2*** (4.43)	57.848 83 (0.82)

注:被解释变量为 COD,括号内为 t 值。* 表示 10%的显著性水平;** 表示 5%的显著性水平;*** 表示 1%的显著性水平。

图 6-3 为我国西部地区 COD 排放量与人均 GDP 之间的散点图及拟合线。图 6-3 中的拟合线显示出明显的线性曲线形状。

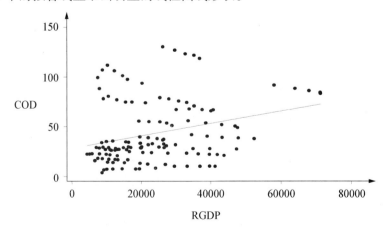

图 6-3　我国西部地区 COD 排放量与人均 GDP 之间的散点图及拟合线

表6-4为不考虑空间地理因素影响时我国西部地区的 OLS 回归结果。表6-4中第2列的数据显示：RGDP 的回归系数为正值,且通过1%的显著性水平的检验,这说明不考虑空间地理因素影响时在我国西部地区 COD 排放量与人均 GDP 之间存在显著的线性的正相关关系[1]。表6-4中第3列的数据显示：RGDP * RGDP 的回归系数为正值但没有通过10%的显著性水平的检验,这说明不考虑空间地理因素影响时在我国西部地区 COD 排放量与人均 GDP 之间只存在显著的正相关关系。

表6-4　不考虑空间地理因素影响时我国西部地区的回归结果报告

解 释 变 量	回 归 系 数	回 归 系 数
RGDP	0.000 629 1*** (3.68)	0.000 247 5 (0.43)
RGDP * RGDP		6.08e-09 (0.69)
常数项	28.187 85*** (5.93)	32.643 08*** (-4.08)

注：被解释变量为 COD,括号内为 t 值。* 表示10%的显著性水平；** 表示5%的显著性水平；*** 表示1%的显著性水平。

（三）考虑空间地理因素影响时的子样本回归结果

表6-5为我国东部地区、中部地区、西部地区的空间自回归模型(SAR)结果。表6-5中,解释变量 kcod 表示经空间权重矩阵处理后的 COD 排放量。表6-5第2列中 kcod 的回归系数通过10%的显著性水平检验,这说明我国东部地区 COD 排放量存在空间依存性。而且,该 kcod 的回归系数为负值,说明我国东部地区某一省份(省份 A)的 COD 排放量会受到该省份邻近区域(省份 B) COD 排放量的影响,邻近区域(B 省份) COD 排放量越大,该省份(省份 A)的 COD 排放量会越小。表6-5第2列中 RGDP * RGDP 的回归系数为负值且通过1%的显著性水平检验,这说明在运用空间自回归模型(SAR)回归时我国东部地区 COD 排放量与人均 GDP 之间存在显著的倒 U 型曲线关系。

---

[1] $y = ax + b$ 中,当 $a < 0$ 时,则 y 与 x 之间呈负相关的线性关系；当 $a > 0$ 时,则 y 与 x 之间呈正相关的线性关系。

表 6-5 我国东部地区、中部地区、西部地区的 SAR 模型回归结果报告

解释变量	东部地区 回归系数	中部地区 回归系数	西部地区 回归系数
kcod	−0.215 571 2* (−1.77)	−0.215 126 9 (−1.55)	−1.566 586 (−1.09)
RGDP	0.002 899 6*** (4.23)	−0.015 601*** (−3.70)	0.000 679 6*** (3.84)
RGDP * RGDP	−2.64e−08*** (−4.34)	6.95e−07*** (4.25)	
RGDP * RGDP * RGDP		8.16e−12*** (−4.32)	
RGDP * RGDP * RGDP * RGDP			
常数项	116.546 14 (0.87)	164.846 1*** (4.74)	134.067 6 (2.27)

注:被解释变量为 COD,括号内为 t 值。* 表示 10% 的显著性水平;** 表示 5% 的显著性水平;*** 表示 1% 的显著性水平。

表 6-5 第 3 列和第 4 列中 kcod 的回归系数均未通过 10% 的显著性水平检验,这说明我国中部地区、西部地区的 COD 排放量并不存在显著的空间依存性。表 6-5 第 3 列中 RGDP * RGDP 的回归系数为正值且通过 1% 的显著性水平检验,同时 RGDP * RGDP * RGDP 的回归系数为正值且通过 1% 的显著性水平检验,这表明在运用空间自回归模型(SAR)回归时我国中部地区 COD 排放量与人均 GDP 之间存在显著的波浪型曲线关系。表 6-5 第 4 列中 RGDP 的回归系数为正值,且通过 1% 的显著性水平检验,这表明在运用空间自回归模型(SAR)回归时我国西部地区 COD 排放量与人均 GDP 之间存在显著的正相关的线性关系。

表 6-6 为我国东部地区、中部地区、西部地区的空间误差回归模型(SER)结果。表 6-6 中,λ 为空间误差移动平均系数,度量样本观察值所在区域的误差项对邻近区域 COD 排放量的空间误差溢出效应。表 6-6 中第 3 列中 λ 的系数通过 10% 的显著性水平检验,这说明我国中部地区 COD 排放量存在空间依存性,即我国中部地区某一省份 COD 排放量所受到的一个随机冲击,不仅影响中部地区该省份的 COD 排放量,还通过空间误差项影响与中部地区邻近的其他省份 COD 的排放量。而且,该 λ 的系数为负值,说明我国中部地区某一省份 COD 排放量

所受到的一个随机冲击越大,通过空间误差项产生对与中部地区邻近的其他省份 COD 排放量的影响会越小。表 6-6 中第 3 列中 RGDP * RGDP * RGDP 的回归系数为正值,且通过 1%的显著性水平检验,这说明在运用空间误差模型(SER)回归时我国中部地区 COD 排放量与人均 GDP 之间存在显著的曲线关系。

表 6-6　我国东、中、西部地区 SER 模型回归

解释变量	东部地区 回归系数	中部地区 回归系数	西部地区 回归系数
$\hat{\lambda}$	-0.030 940 1 (-0.49)	-0.125 373 1* (-1.68)	-0.039 876 6 (-0.91)
RGDP	0.002 994 2*** (4.34)	-0.012 906*** (-3.25)	0.000 629 1*** (3.68)
RGDP * RGDP	-2.79e-08*** (-4.61)	5.73e-07*** (3.83)	
RGDP * RGDP * RGDP		6.70e-12*** (-3.92)	
常数项	1.377 624 (0.08)	136.039 2*** (4.43)	28.187 85*** (5.95)

注:被解释变量为 COD,括号内为 t 值。* 表示 1%的显著性水平;** 表示 5%的显著性水平;*** 表示 1%的显著性水平。

表 6-6 中第 2 列和第 4 列的 $\hat{\lambda}$ 的系数未通过 10%的显著性水平检验,这说明我国东部地区和西部地区 COD 排放量并不存在显著的空间误差溢出效应。表 6-6 第 4 列中 RGDP 的回归系数为正值且通过 1%的显著性水平检验,这说明在运用空间误差模型(SER)回归时我国西部地区 COD 排放量与人均 GDP 之间存在显著的正相关的线性关系。表 6-6 第 2 列中 RGDP * RGDP 的回归系数为负值,且通过 1%的显著性水平检验,这说明在运用空间误差模型(SER)回归时我国东部地区 COD 排放量与人均 GDP 之间存在显著的倒 U 型曲线关系。

比较表 6-5 和表 6-6 的回归结果发现:我国东部地区人均 GDP 与 COD 排放量之间存在显著的倒 U 型曲线关系,且该结论在空间自回归(SAR)模型和空间误差模型(SER)中均成立;我国中部地区 COD 排放量与人均 GDP 之间存在显著的波浪型曲线关系,且该结论在空间自回归(SAR)模型和空间误差模型(SER)

中均成立;我国西部地区 COD 排放量与人均 GDP 之间存在显著的正相关的线性关系,且该结论在空间自回归(SAR)模型和空间误差模型(SER)中均成立。

四、回归分析结论

结合对表 6-1 至表 6-6 中数据的分析,得到主要研究结论如下:

(1)在不考虑空间地理因素影响时,在 1994 年至 2015 年间我国 COD 排放量与人均 GDP 之间存在显著的倒 U 型曲线关系。

(2)在不考虑空间地理因素影响时,在 1994 年至 2015 年间我国东部地区的 COD 排放量与人均 GDP 之间存在显著的倒 U 型曲线关系;在考虑空间地理因素影响时,运用空间自回归(SAR)模型和空间误差模型(SER)模型回归均显示以上结论依然成立。

(3)在不考虑空间地理因素影响时,在 1994 年至 2015 年间我国中部地区的 COD 排放量与人均 GDP 之间存在显著的波浪型曲线关系;在考虑空间地理因素影响时,运用空间自回归(SAR)模型和空间误差模型(SER)模型回归均显示以上结论依然成立。

(4)在不考虑空间地理因素影响时,在 1994—2015 GDP 年间我国西部地区的 COD 排放量与人均 GDP 之间存在显著的正相关的线性关系;在考虑空间地理因素影响时,运用空间自回归(SAR)模型和空间误差模型(SER)模型回归均显示以上结论依然成立。

第三节 线型、倒 U 型、波浪型环境库兹涅茨曲线存在的影响机制分析

本章从产业结构调整幅度和经济增长速度共同对环境污染排放量产生影响的视角来分析环境污染排放总量与人均 GDP 之间的数量关系,进而论证出现线型、倒 U 型、波浪型环境库兹涅茨曲线的可能性。

一、经济增长速度的环境污染规模效应和产业结构调整的环境污染结构效应的存在性

在产业结构不调整时(三大产业所占比重不变),一国的经济增长速度会影

响经济规模,一国经济规模的改变会导致环境污染排放量的变化。这就是经济增长速度所带来的环境污染规模效应。

在经济不增长时(经济增长速度为0),一国产业结构调整幅度会改变该国三大产业的比重,而三大产业比重的改变必然会改变单位 GDP 所对应的环境污染排放量,进而导致 GDP 总量所对应的环境污染排放总量的改变。这就是产业结构调整所带来的环境污染结构效应。

由于一国在追求经济增长速度的过程中,必然伴随着产业结构的调整。因此,经济增长速度对环境污染物排放量产生影响的同时产业结构调整也必然会产生影响。所以,经济增长速度所带来的环境污染规模效应和产业结构调整所带来的环境污染结构效应会同时存在。

在任意年份,环境污染排放总量的计算公式为:

$$
\begin{aligned}
E_t &= \sum_{i=1}^{i=3} E_{t,i} = \sum_{i=1}^{i=3} (q_{t,i} \times GDP_{t,i}) = \sum_{i=1}^{i=3} [q_{t,i} \times (GDP_t \times p_{t,i})] \\
&= q_{t,1} \times GDP_t \times p_{t,1} + q_{t,2} \times GDP_t \times p_{t,2} + q_{t,3} \times GDP_t \times p_{t,3} \\
&= q_{t,1} \times (GDP_{t-1} \times (1+v_t)) \times p_{t,1} + q_{t,2} \times (GDP_{t-1} \times (1+v_t)) \times p_{t,2} \\
&\quad + q_{t,3} \times (GDP_{t-1} \times (1+v_t)) \times p_{t,3} \\
&= \underbrace{(GDP_{t-1} \times (1+v_t))}_{\text{第}t\text{年的GDP总量}} \times \underbrace{(q_{t,1} \times p_{t,1} + q_{t,2} \times p_{t,2} + q_{t,3} \times p_{t,3})}_{\text{第}t\text{年的1单位GDP所对应的环境污染排放量}} \quad (6-1)
\end{aligned}
$$

公式(6-1)中,E_t 为第 t 年的环境污染排放总量,$E_{t,i}$ 为第 i 产业在第 t 年的环境污染排放总量。$q_{t,i}$ 为第 i 产业在第 t 年的环境污染排放强度,$q_{t,i}$ 的值在所有年份均不变。GDP_t 为第 t 年的 GDP 值(三大产业的 GDP 总和),GDP_{t-1} 为第 $t-1$ 年的 GDP 值,v_t 为第 t 年的 GDP 的增长速度,$p_{t,i}$ 为第 i 产业产值在第 t 年占当年 GDP 的比重。$GDP_t \times p_{t,i}$ 为第 i 产业在第 t 年的产值。

经济增长速度所带来的环境污染规模效应的大小的表达式为:

$$
\begin{aligned}
E_t - E_{t-1} &= [(GDP_{t-1} \times (1+v_t)) \times (q_{t,1} \times p_{t,1} + q_{t,2} \times p_{t,2} + q_{t,3} \times p_{t,3})] \\
&\quad - [GDP_{t-1} \times (q_{t-1,1} \times p_{t-1,1} + q_{t-1,2} \times p_{t-1,2} + q_{t-1,3} \times p_{t-1,3})] \\
&= [(GDP_{t-1} \times (1+v_t)) \times (q_{t,1} \times p_{t,1} + q_{t,2} \times p_{t,2} + q_{t,3} \times p_{t,3})] \\
&\quad - [GDP_{t-1} \times (q_{t,1} \times p_{t,1} + q_{t,2} \times p_{t,2} + q_{t,3} \times p_{t,3})] \\
&= (GDP_t - GDP_{t-1}) \times (q_{t,1} \times p_{t,1} + q_{t,2} \times p_{t,2} + q_{t,3} \times p_{t,3}) \quad (6-2)
\end{aligned}
$$

公式(6-2)中只要经济增长速度 v_t 大于0,则 $GDP_t - GDP_{t-1}$ 大于0,进而

$E_t - E_{t-1}$ 大于 0。这充分说明了经济增长速度所带来的环境污染规模效应。

产业结构调整所带来的环境污染结构效应大小的表达式为：

$$\begin{aligned} E_t - E_{t-1} &= GDP_t \times (q_{t,1} \times p_{t,1} + q_{t,2} \times p_{t,2} + q_{t,3} \times p_{t,3}) \\ &\quad - GDP_{t-1} \times (q_{t-1,1} \times p_{t-1,1} + q_{t-1,2} \times p_{t-1,2} + q_{t-1,3} \times p_{t-1,3}) \\ &= GDP_t \times [(q_{t,1} \times p_{t,1} + q_{t,2} \times p_{t,2} + q_{t,3} \times p_{t,3}) \\ &\quad - (q_{t,1} \times p_{t-1,1} + q_{t-1,2} \times p_{t,2} + q_{t-1,3} \times p_{t,3})] \\ &= GDP_t \times [q_{t,1} \times (p_{t,1} - p_{t-1,1}) + q_{t,2} \times (p_{t,2} - p_{t-1,2}) \\ &\quad + q_{t,2} \times (p_{t,3} - p_{t-1,3})] \\ &= GDP_t \times (\Delta p_{t,1} \times q_{t,1} + \Delta p_{t,2} \times q_{t,2} + \Delta p_{t,3} \times q_{t,3}) \end{aligned} \quad (6-3)$$

公式(6-3)中，$\Delta p_{t,1}$ 表示第一产业比重在第 t 年的改变量，$\Delta p_{t,2}$ 表示第二产业比重在第 t 年的改变量，$\Delta p_{t,3}$ 表示第三产业比重在第 t 年的改变量。产业结构调整意味着 $\Delta p_{t,1} \neq 0$、$\Delta p_{t,2} \neq 0$、$\Delta p_{t,3} \neq 0$。公式(6-3)中当 $\Delta p_{t,1} \neq 0$、$\Delta p_{t,2} \neq 0$、$\Delta p_{t,3} \neq 0$ 时，单位 GDP 所对应的环境污染排放量必然会改变，即 $\Delta p_{t,1} \times q_{t,1} + \Delta p_{t,2} \times q_{t,2} + \Delta p_{t,3} \times q_{t,3} \neq 0$，进而导致公式(6-3)中的 $E_t - E_{t-1} \neq 0$。这充分说明了产业结构调整所带来的环境污染结构效应。

二、环境污染规模效应和环境污染结构性效应的大小

在产业结构不变(产业结构不调整)的前提下，经济增长速度会导致经济规模的增加，从而导致三大产业产值的增加。在三大产业的单位 GDP 所对应的环境污染排放量(三大产业的环境污染排放强度)不变的条件下，三大产业产值的增加必然会导致环境污染排放总量的增加。因此，只要 v_t 大于 0，公式(6-2)就大于 0。因此，在整个产业结构调整阶段[1]，经济增长速度变化所带来的环境污染规模效应始终为正值。

当产业结构处于第一产业为主导向第二产业为主导转变过程中[2]，由于第二产业的环境污染排放强度最大，第一产业所占比重减少所导致的环境污染排放量减少量会小于第二产业所占比重和第三产业所占比重增加所导致的环境污

---

[1] 整个产业结构调整阶段指产业结构先经历第一产业结构为主导向第二产业为主导转变阶段，再经历产业结构由第二产业为主导向第三产业为主导转变阶段。

[2] 本书中的第一产业为主导向第二产业为主导转变是指第一产业所占比重减少、第二产业比重增加时期。

染排放量增加量。从而公式(6-3)的值始终大于0。因此,在满足经济增长速度为0(经济不增长)的条件下,当产业结构处于第一产业为主导向第二产业为主导转变过程中,产业结构调整所带来的环境污染结构效应为正值。

当产业结构处于第二产业为主导向第三产业为主导转变过程中[1],由于第二产业的环境污染排放强度最大,第三产业的环境污染排放强度最小,因此,第二产业和第一产业所占比重的减少所导致的环境污染排放量的减少量会大于第三产业所占比重的增加所导致的环境污染排放量的增加量。从而,公式(6-3)的值始终小于0。因此,在满足经济增长速度为0(经济不增长)的条件下,当产业结构处于第二产业为主导向第三产业为主导转变过程中,产业结构调整所带来的环境污染结构效应为负值。

三、三种环境库兹涅茨曲线形状的可能性分析

(一) 线型环境库兹涅茨曲线的可能性分析

在整个产业结构调整阶段,当一国经济增长速度所带来的环境污染规模效应占主导时,该国环境污染排放量会一直增加,该国环境污染排放量与人均GDP之间呈正相关的线性关系,则环境库兹涅茨倒U型曲线关系不成立。

(二) 倒U型环境库兹涅茨曲线的可能性分析

在整个产业结构调整阶段,当一国产业结构调整所带来的环境污染结构效应占主导时,该国环境污染排放量会出现先增加后减少的数量特征,该国环境污染排放量与人均GDP之间呈倒U型曲线关系,则环境库兹涅茨倒U型曲线关系成立。

在整个产业结构调整阶段,当一国先经历经济增长速度所带来的环境污染规模效应占主导,再经历产业结构调整所带来的环境污染结构效应占主导,该国环境污染排放量会出现先增加后减少的数量特征,该国环境污染排放量与人均GDP之间呈倒U型曲线关系,则环境库兹涅茨倒U型曲线关系成立。

---

[1] 本书中的第二产业为主导向第三产业为主导转变是指第二产业所占比重减少、第三产业比重增加的时期。

(三)波浪型环境库兹涅茨曲线的可能性分析

(1)在整个产业结构调整阶段,当一国先经历产业结构调整所带来的环境污染结构效应占主导,再经历经济增长速度所带来的环境污染规模效应占主导,该国环境污染排放量会出现先增加、后减少、再增加的数量特征,该国环境污染排放量与人均GDP之间呈波浪型曲线关系。

(2)在整个产业结构调整阶段,当一国先经历经济增长速度所带来的环境污染规模效应占主导,然后经历产业结构调整所带来的环境污染结构效应占主导,再经历经济增长速度所带来的环境污染规模效应占主导,则该国环境污染排放量会出现先增加、后减少、再增加的数量特征,该国环境污染排放量与人均GDP之间呈波浪型曲线关系。

四、规模效应和结构效应主导地位的确定

(一)产业结构调整幅度的界定

本书以第三产业所占比重的年增长率来表示产业结构调整幅度的大小。一般而言,第三产业所占比重的年增长率大于1.5%,则说明当年的产业结构调整幅度剧烈;第三产业所占比重的年增长率小于1.5%,则说明当年的产业结构调整幅度温和。

(二)经济增长速度大小的界定

一般而言,当经济增长速度大于9%,则经济处于高速增长阶段;当经济增长速度处于6.5%~9%的之间,则经济处于中高速增长阶段;当经济增长速度处于4%~6.5%之间,则经济处于中低速增长阶段;当经济增长速度处于0~4%之间,则经济处于低速增长阶段。

(三)环境污染规模效应、结构效应主导地位的识别

由公式(6-2)知,经济增长速度越小,环境污染排放量的增加量会越小,从而环境污染的规模效应会越小;经济增长速度越大,环境污染排放量的增加量会越大,从而环境污染的规模效应会越大。由公式(6-3)知,产业结构调整越剧烈,则$\Delta p_{t,1}$、$\Delta p_{t,2}$、$\Delta p_{t,3}$越大,则环境污染排放量的改变量会越大,从而环境污

染的结构效应会越大;产业结构调整越温和,$\Delta p_{t,1}$、$\Delta p_{t,2}$、$\Delta p_{t,3}$越小,则环境污染排放量的改变量会越小,从而环境污染的结构效应会越小。据此,文章得出以下结论:

(1) 一般而言,当产业结构调整幅度温和时,产业结构调整所带来的环境污染结构效应较小;当经济处于中高速或高速增长时,经济增长速度所带来的环境污染规模效应较大。因此,当产业结构调整幅度温和且经济处于中高速或高速增长时,环境污染规模效应会占主导。

(2) 一般而言,当产业结构调整幅度温和时,产业结构调整所带来的环境污染结构效应较小;当经济处于低速或中低速增长时,经济增长速度所带来的环境污染规模效应也较小。因此,当产业结构调整幅度温和且经济处于低速或中低速增长时,可能是环境污染结构效应占主导,也可能是环境污染规模效应占主导。

(3) 一般而言,当产业结构调整幅度剧烈时,产业结构调整所带来的环境污染结构效应较大;当经济处于低速,经济增长速度所带来的环境污染规模效应较小。因此,当产业结构调整幅度剧烈且经济处于低速增长时,产业结构调整所带来的环境污染结构效应占主导。

(4) 一般而言,当产业结构调整幅度剧烈时,产业结构调整所带来的环境污染结构效应较大;当经济处于高速或中高速增长时,经济增长速度所带来的环境污染规模效应也较大。因此,当产业结构调整幅度剧烈且经济处于高速或中高速增长时,可能是经济增长速度所带来的环境污染规模效应占主导,也可能是产业结构调整所带来的环境污染结构效应占主导,大多数情形是经济增长速度所带来的环境污染规模效应占主导。

(5) 一般而言,当产业结构调整幅度剧烈时,产业结构调整所带来的环境污染结构效应较大;当经济处于低速,经济增长速度所带来的环境污染规模效应较小;经济处于中高速或高速增长时,经济增长速度所带来的环境污染规模效应较大。因此,当产业结构调整幅度剧烈且经济增长经历低速向高速或中高速增长转变时,先(经济在低速或中低速增长时期)是产业结构调整所带来的环境污染结构效应占主导,然后(经济在高速或中高速增长时期)可能是经济增长速度所带来的环境污染规模效应占主导,也可能是产业结构调整所带来的环境污染结构效应占主导,大多数情形是经济增长速度所带来的环境污染规模效应占主导。本章约定:当产业结构调整幅度剧烈且经济处于高速或中高速增长时,经济增长速度所带来的环境污染规模效应占主导。

第四节 一个校准分析

本章采用中国的相关数据进行校准分析,以充分揭示在经济增长速度和产业结构调整幅度共同对环境污染排放量产生影响下我国出现线型、倒 U 型、波浪型环境库兹涅茨曲线的形成机制。

一、三大产业环境污染排放强度(单位 GDP 所对应的环境污染物排放量)的计算

本章以我国 2015 年相关的数据计算三大产业单位 GDP 所对应的环境污染物排放量。本章假定三大产业的环境污染排放强度在各年份始终不变。

(一)三大产业所对应的 GDP 大小的计算

据 2016 年《中国统计年鉴》数据显示,2015 年我国 GDP 为 686 181.5 亿元。2015 年 GDP 的产业结构为:第一产业所占比重为 8.8%,第二产业所占比重为 40.9%,第三产业所占比重为 50.2%。据此,可计算出第一产业所对应的 GDP 为 60 862.1 亿元,第二产业所对应的 GDP 为 282 040.3 亿元,第三产业所对应的 GDP 为 346 149.7 亿元。

(二)三大产业所对应的环境污染排放量的计算

本章以二氧化硫作为典型的环境污染物。据 2016 年《中国统计年鉴》数据显示,2015 年我国二氧化硫排放总量为 1 859.1 万吨,其中第二产业排放的二氧化硫占总排放量的比重为 84%,约 1 561.6 万吨;第一产业排放的二氧化硫占总排放量的比重约为 11%,约 204.5 万吨;第三产业排放的二氧化硫占总排放量的比重约为 4%,约 74.3 万吨。

(三)三大产业环境污染排放强度大小

每一产业当年的环境污染排放量除以每一产业当年的 GDP,就可以计算出每一产业当年的环境污染排放强度的大小。根据上文中的数据,可以计算出第一产业环境污染排放强度为 0.34×10^{-6} 吨/元,第二产业环境污染排放强度为

$0.55×10^{-6}$ 吨/元,第三产业环境污染排放强度为 $0.02×10^{-6}$ 吨/元。

由于文章假定三大产业的环境污染排放强度在各年份始终不变,也就是在其他年份三大产业的环境污染排放强度与 2015 年排放强度大小相同。文章以我国 1952 年为基期,进行相关的数据模拟分析。据《新中国六十年统计资料汇编》数据显示,1952 年我国 GDP 为 679 亿元,1952 年人口为 57 482 万人,1952 年人均 GDP 约为 118 元/人;1952 年 GDP 的三大产业比重分别为:第一产业比重为 51%,第二产业比重为 20.8%,第三产业比重为 28.2%。则 1952 年第一产业、第二产业、第三产业的 GDP 值分别为 346 亿元、141.8 亿元、191.2 亿元。

二、环境污染排放总量的计算

文章假定人口总量在各年份始终不变。这意味着 GDP 总量的增长速度等于人均 GDP 的增长速度。文章还假定三大产业在所有年份的环境污染排放强度不变。根据 1952 年第一产业、第二产业、第三产业的 GDP 值,再结合三大产业环境污染排放强度的数据,运用公式(6-1)可计算出 1952 年中国的环境污染排放总量为 19 996.55 吨。本书图 6-4 至图 6-10 中各年(整个产业结构调整阶段的所有年份)环境污染物排放量数据均采用同样的方法完成[1]。

三、数值模拟分析

根据产业结构调整状况和经济增长速度大小,文章对中国环境污染排放量与中国人均 GDP 之间的数量关系进行数值模拟分析。图 6-4 至图 6-10 中,横坐标为中国人均 GDP 数据,所对应的计量单位为:元/人;纵坐标为中国环境污染排放量数据,所对应的计量单位为:吨。

(一)产业结构调整幅度温和、经济增长速度不同时中国环境污染排放量与人均 GDP 之间的数量关系

图 6-4 中拟合线的形状为正相关的直线。这表明在产业结构调整幅度温和且经济为 1% 的低速增长时,在整个产业结构调整阶段中国环境污染排放量与人均 GDP 之间呈正相关的线性关系。

---

[1] 本书图 6-4 至图 6-10 中所涉及的原始数据可以向作者索取。

表 6-7 产业结构调整幅度温和、不同增长速度时的人均 GDP 与环境污染物排放量之间的数量关系

年份	第一产业比重(%)	第二产业比重(%)	第三产业比重(%)	第三产业比重的年增长率(%)	产业结构调整幅度	5%增速时的GDP(亿元)	5%增速时人均GDP(元)	环境污染排放总量(吨)	10%增速时的GDP(亿元)	10%增速时人均GDP(元)	环境污染排放总量(吨)	1%增速时的GDP(亿元)	1%增速时人均GDP(元)	环境污染排放总量(吨)
1952	51	21	28			679	118.123 9	19 996.55	679	118.123 9	19 996.55	679	118.123 9	19 996.55
1953	50	21.8	28.2	0.714 3	温和	712.95	124.030 1	21 070.52	746.9	129.936 3	22 073.88	685.79	119.305 1	20 267.84
1954	49	22.6	28.4	0.709 2	温和	748.597 5	130.231 6	22 201.9	821.59	142.93	24 366.72	692.647 9	120.498 2	20 542.55
1955	48	23.4	28.6	0.704 2	温和	786.027 4	136.743 2	23 393.75	903.749	157.223	26 897.38	699.574 4	121.703 2	20 820.73
1956	47	24.2	28.8	0.699 3	温和	825.328 7	143.580 4	24 649.27	994.123 9	172.945 3	29 690.5	706.570 1	122.920 2	21 102.42
1957	46	25	29	0.694 4	温和	866.595 2	150.759 4	25 971.86	1 093.536	190.239 8	32 773.28	713.635 8	124.149 4	21 387.67
1958	45	25.8	29.2	0.689 7	温和	909.924 9	158.297 4	27 365.08	1 202.89	209.263 8	36 175.71	720.772 2	125.390 9	21 676.5
1959	44	26.6	29.4	0.684 9	温和	955.421 2	166.212 2	28 832.7	1 323.179	230.190 1	39 930.89	727.979 9	126.644 8	21 968.98
1960	43	27.4	29.6	0.680 3	温和	1 003.192	174.522 8	30 378.67	1 455.497	253.209 1	44 075.35	735.259 7	127.911 3	22 265.13
1961	42	28.2	29.8	0.675 7	温和	1 053.352	183.249	32 007.15	1 601.046	278.530 1	48 649.4	742.612 3	129.190 4	22 565.02
1962	41	29	30	0.671 1	温和	1 106.019	192.411 4	33 722.53	1 761.151	306.383 1	53 697.5	750.038 4	130.482 3	22 868.67
1963	40	29.8	30.2	0.666 7	温和	1 161.32	202.032	35 529.44	1 937.266	337.021 4	59 268.72	757.538 8	131.787 1	23 176.14
1964	39	30.6	30.4	0.662 3	温和	1 219.386	212.133 6	37 432.73	2 130.993	370.723 5	65 417.22	765.114 2	133.105	23 487.48
1965	38	31.4	30.6	0.657 9	温和	1 280.356	222.740 3	39 437.52	2 344.092	407.795 9	72 202.73	772.765 3	134.436	23 802.72

续 表

年份	三大产业比重及产业结构调整幅度			产业结构调整幅度	5%增速时人均GDP与环境污染排放量			10%增速时人均GDP与环境污染排放量			1%增速时人均GDP与环境污染排放量		
	第一产业比重(%)	第二产业比重(%)	第三产业比重(%)	第三产业比重的年增长率(%)		5%增速时的GDP(亿元)	人均GDP(元)	环境污染排放总量(吨)	10%增速时的GDP(亿元)	人均GDP(元)	环境污染排放总量(吨)	1%增速时的GDP(亿元)	人均GDP(元)	环境污染排放总量(吨)
1966	37	32.2	30.8	0.6536	温和	1 344.374	233.877 3	41 549.21	2 578.501	448.575 4	79 691.16	780.493	135.780 4	24 121.92
1967	36	33	31	0.649 4	温和	1 411.592	245.571 2	43 773.48	2 836.352	493.433	87 955.26	788.297 9	137.138 2	24 445.12
1968	35	33.8	31.2	0.645 2	温和	1 482.172	257.849 7	46 116.29	3 119.987	542.776 3	97 075.26	796.180 9	138.509 6	24 772.37
1969	34	34.6	31.4	0.641	温和	1 556.28	270.742 2	48 583.96	3 431.985	597.053 9	107 139.7	804.142 7	139.894 7	25 103.73
1970	33	35.4	31.6	0.636 9	温和	1 634.094	284.279 3	51 183.11	3 775.184	656.759 3	118 246.3	812.184 1	141.293 6	25 439.23
1971	32	36.2	31.8	0.632 9	温和	1 715.799	298.493 3	53 920.71	4 152.702	722.435 2	130 502.8	820.306	142.706 5	25 778.94
1972	31	37	32	0.625	温和	1 801.589	313.418	56 804.11	4 567.972	794.678 8	144 028.2	828.509	144.133 6	26 122.89
1973	30	37.8	32.2	0.621 1	温和	1 891.669	329.088 9	59 841.04	5 024.77	874.146 6	158 953.6	836.794 1	145.574 9	26 471.15
1974	29	38.6	32.4	0.617 3	温和	1 986.252	345.543 3	63 039.67	5 527.247	961.561 3	175 423.8	845.162 1	147.030 7	26 823.75
1975	28	39.4	32.6	0.613 5	温和	2 085.565	362.820 5	66 408.55	6 079.971	1 057.717	193 598.4	853.613 7	148.501	27 180.77
1976	27	40.2	32.8	0.609 8	温和	2 189.843	380.961 5	69 956.72	6 687.968	1 163.489	213 653.8	862.149 8	149.986	27 542.24
1977	26	41	33	0.606 1	温和	2 299.335	400.009 6	73 693.69	7 356.765	1 279.838	235 784.3	870.771 3	151.485 9	27 908.22
1978	25	41.8	33.2	0.602 4	温和	2 414.302	420.01	77 629.46	8 092.442	1 407.822	260 204.4	879.479	153.000 7	28 278.77
1979	24	42.6	33.4	0.602 4	温和	2 535.017	441.010 5	81 774.57	8 901.686	1 548.604	287 150.6	888.273 8	154.530 7	28 653.94

续 表

年份	第一产业比重(%)	第二产业比重(%)	第三产业比重(%)	第三产业比重的年增长率(%)	产业结构调整幅度	5%增速时的GDP(亿元)	5%增速时人均GDP(元)	环境污染排放总量(吨)	10%增速时的GDP(亿元)	10%增速时人均GDP(元)	环境污染排放总量(吨)	1%增速时的GDP(亿元)	1%增速时人均GDP(元)	环境污染排放总量(吨)
1980	23	43.4	33.6	0.598 8	温和	2 661.768	463.061 1	86 140.13	9 791.855	1 703.465	316 884	897.156 6	156.076	29 033.78
1981	22	44.2	33.8	0.595 2	温和	2 794.856	486.214 1	90 737.8	10 771.04	1 873.811	349 692.6	906.128 1	157.636 8	29 418.36
1982	21	45	34	0.591 7	温和	2 934.599	510.524 8	95 579.89	11 848.14	2 061.192	385 894.1	915.189 4	159.213 2	29 807.72
1983	20	45.8	34.2	0.588 2	温和	3 081.329	536.051 1	100 679.3	13 032.96	2 267.311	425 838.9	924.341 3	160.805 3	30 201.93
1984	19	46.6	34.4	0.584 8	温和	3 235.395	562.853 6	106 049.8	14 336.25	2 494.042	469 913.7	933.584 7	162.413 4	30 601.04
1985	18	47.4	34.6	0.581 4	温和	3 397.165	590.996 3	111 705.6	15 769.88	2 743.447	518 545.2	942.920 6	164.037 5	31 005.11
1986	17	48.2	34.8	0.578	温和	3 567.023	620.546 1	117 661.8	17 346.87	3 017.791	572 203.8	952.349 8	165.677 9	31 414.21
1987	16	49	35	0.574 7	温和	3 745.374	651.573 4	123 934.4	19 081.55	3 319.57	631 408.6	961.873 3	167.334 6	31 828.39
1988	15.9	48.9	35.2	0.571 4	温和	3 932.643	684.152 1	129 796.9	20 989.71	3 651.527	692 765.4	971.492	169.008	32 064.09
1989	15.8	48.8	35.4	0.568 2	温和	4 129.275	718.359 7	135 935.7	23 088.68	4 016.68	760 079.4	981.206 9	170.698 1	32 301.33
1990	15.7	48.7	35.6	0.565	温和	4 335.739	754.277 7	142 364	25 397.55	4 418.348	833 928.5	991.019	172.405	32 540.11
1991	15.6	48.6	35.8	0.561 8	温和	4 552.526	791.991 6	149 095.2	27 937.3	4 860.183	914 946.7	1 000.929	174.129 1	32 780.43
1992	15.5	48.5	36	0.558 7	温和	4 780.152	831.591 2	156 143.7	30 731.03	5 346.201	1 003 829	1 010.938	175.870 4	33 022.31
1993	15.4	48.4	36.2	0.555 6	温和	5 019.16	873.170 7	163 524.2	33 804.14	5 880.821	1 101 339	1 021.048	177.629 1	33 265.74

续 表

年份	三大产业比重及产业结构调整幅度					5%增速时人均GDP与环境污染排放量			10%增速时人均GDP与环境污染排放量			1%增速时人均GDP与环境污染排放量		
	第一产业比重(%)	第二产业比重(%)	第三产业比重(%)	第三产业比重的年增长率(%)	产业结构调整幅度	5%增速时的GDP(亿元)	人均GDP(元)	环境污染排放总量(吨)	10%增速时的GDP(亿元)	人均GDP(元)	环境污染排放总量(吨)	1%增速时的GDP(亿元)	人均GDP(元)	环境污染排放总量(吨)
1994	15.3	48.3	36.4	0.5525	温和	5 270.118	916.8293	171 252.5	37 184.55	6 468.904	1 208 312	1 031.258	179.4054	33 510.74
1995	15.2	48.2	36.6	0.5495	温和	5 533.624	962.6707	179 344.7	40 903.01	7 115.794	1 325 666	1 041.571	181.1994	33 757.31
1996	15.1	48.1	36.8	0.5464	温和	5 810.305	1 010.804	187 818.1	44 993.31	7 827.373	1 454 409	1 051.987	183.0114	34 005.47
1997	15	48	37	0.5435	温和	6 100.82	1 061.344	196 690.4	49 492.64	8 610.111	1 595 643	1 062.506	184.8415	34 255.21
1998	14.9	47.9	37.2	0.5405	温和	6 405.861	1 114.412	205 980.5	54 441.9	9 471.122	1 750 579	1 073.132	186.69	34 506.55
1999	14.8	47.8	37.4	0.5376	温和	6 726.154	1 170.132	215 707.8	59 886.09	10 418.23	1 920 547	1 083.863	188.5569	34 759.48
2000	14.7	47.7	37.6	0.5348	温和	7 062.462	1 228.639	225 892.8	65 874.7	11 460.06	2 107 002	1 094.702	190.4424	35 014.03
2001	14.6	47.6	37.8	0.5319	温和	7 415.585	1 290.071	236 557.2	72 462.17	12 606.06	2 311 543	1 105.649	192.3469	35 270.19
2002	14.5	47.5	38	0.5291	温和	7 786.364	1 354.574	247 723.2	79 708.39	13 866.67	2 535 922	1 116.705	194.2703	35 527.97
2003	14.4	47.4	38.2	0.5263	温和	8 175.683	1 422.303	259 414.4	87 679.23	15 253.34	2 782 062	1 127.872	196.213	35 787.38
2004	14.3	47.3	38.4	0.5236	温和	8 584.467	1 493.418	271 655.5	96 447.15	16 778.67	3 052 070	1 139.151	198.1752	36 048.43
2005	14.2	47.2	38.6	0.5208	温和	9 013.69	1 568.089	284 472.1	106 091.9	18 456.54	3 348 259	1 150.542	200.1569	36 311.11
2006	14.1	47.1	38.8	0.5181	温和	9 464.375	1 646.494	297 891.2	116 701.1	20 302.19	3 673 166	1 162.048	202.1585	36 575.45
2007	14	47	39	0.5155	温和	9 937.593	1 728.818	311 941.1	128 371.2	22 332.41	4 029 571	1 173.668	204.1801	36 841.44

续 表

年份	三大产业比重及产业结构调整幅度					5%增速时人均GDP与环境污染排放量				10%增速时人均GDP与环境污染排放量				1%增速时人均GDP与环境污染排放量			
	第一产业比重(%)	第二产业比重(%)	第三产业比重(%)	第三产业比重的年增长率(%)	产业结构调整幅度	5%增速时的GDP(亿元)	人均GDP(元)	环境污染排放总量(吨)		10%增速时的GDP(亿元)	人均GDP(元)	环境污染排放总量(吨)		1%增速时的GDP(亿元)	人均GDP(元)	环境污染排放总量(吨)	
2008	13.9	46.9	39.2	0.512 8	温和	10 434.47	1 815.259	326 651.2		141 208.3	24 565.65	4 420 525		1 185.405	206.221 9	37 109.1	
2009	13.8	46.8	39.4	0.510 2	温和	10 956.2	1 906.022	342 052.5		155 329.1	27 022.22	4 849 375		1 197.259	208.284 1	37 378.42	
2010	13.7	46.7	39.6	0.507 6	温和	11 504.01	2 001.323	358 177.2		170 862	29 724.44	5 319 789		1 209.232	210.366 9	37 649.42	
2011	13.6	46.6	39.8	0.505 1	温和	12 079.21	2 101.389	375 059.4		187 948.2	32 696.88	5 835 792		1 221.324	212.470 6	37 922.1	
2012	13.5	46.5	40	0.502 5	温和	12 683.17	2 206.459	392 734.3		206 743	35 966.57	6 401 798		1 233.537	214.595 3	38 196.48	
2013	13.4	46.4	40.2	0.5	温和	13 317.33	2 316.782	411 239		227 417.3	39 563.23	7 022 647		1 245.872	216.741 3	38 472.54	
2014	13.3	46.3	40.4	0.497 5	温和	13 983.19	2 432.621	430 612.4		250 159.1	43 519.55	7 703 649		1 258.331	218.908 7	38 750.31	
2015	13.2	46.2	40.6	0.495	温和	14 682.35	2 554.252	450 895		275 175	47 871.5	8 450 624		1 270.914	221.097 8	39 029.78	
2016	13.1	46.1	40.8	0.492 6	温和	15 416.47	2 681.965	472 129.4		302 692.5	52 658.65	9 269 957		1 283.624	223.308 7	39 310.97	
2017	13	46	41	0.490 2	温和	16 187.29	2 816.063	494 359.9		332 961.7	57 924.52	10 168 651		1 296.46	225.541 8	39 593.88	
2018	12.9	45.9	41.2	0.487 8	温和	16 996.66	2 956.866	517 633.2		366 257.9	63 716.97	11 154 384		1 309.424	227.797 2	39 878.52	
2019	12.8	45.8	41.4	0.485 4	温和	17 846.49	3 104.709	541 997.9		402 883.7	70 088.67	12 235 577		1 322.519	230.075 2	40 164.89	
2020	12.7	45.7	41.6	0.483 1	温和	18 738.81	3 259.945	567 505		443 172.1	77 097.54	13 421 466		1 335.744	232.376	40 453	
2021	12.6	45.6	41.8	0.480 8	温和	19 675.76	3 422.942	594 207.8		487 489.3	84 807.29	14 722 176		1 349.101	234.699 7	40 742.86	

续 表

年份	第一产业比重(%)	第二产业比重(%)	第三产业比重(%)	第三产业比重的年增长率(%)	产业结构调整幅度	5%增速时的GDP(亿元)	人均GDP(元)	环境污染排放总量(吨)	10%增速时的GDP(亿元)	人均GDP(元)	环境污染排放总量(吨)	1%增速时的GDP(亿元)	人均GDP(元)	环境污染排放总量(吨)
2022	12.5	45.5	42	0.4785	温和	20 659.54	3 594.089	622 162.1	536 238.2	93 288.02	16 148 813	1 362.592	237.046 7	41 034.47
2023	12.4	45.4	42.2	0.4762	温和	21 692.52	3 773.794	651 426.4	589 862	102 616.8	17 713 556	1 376.218	239.417 2	41 327.83
2024	12.3	45.3	42.4	0.4739	温和	22 777.15	3 962.483	682 061.6	648 848.2	112 878.5	19 429 759	1 389.98	241.811 4	41 622.96
2025	12.2	45.2	42.6	0.4717	温和	23 916	4 160.607	714 131.9	713 733	124 166.4	21 312 068	1 403.88	244.229 5	41 919.86
2026	12.1	45.1	42.8	0.4695	温和	25 111.8	4 368.638	747 704	785 106.3	136 583	23 376 541	1 417.919	246.671 8	42 218.54
2027	12	45	43	0.4673	温和	26 367.39	4 587.07	782 847.9	863 617	150 241.3	25 640 787	1 432.098	249.138 5	42 519
2028	11.9	44.9	43.2	0.4651	温和	27 685.76	4 816.423	819 637	949 978.7	165 265.4	28 124 118	1 446.419	251.629 9	42 821.24
2029	11.8	44.8	43.4	0.463	温和	29 070.05	5 057.244	858 147.9	1 044 977	181 792	30 847 707	1 460.883	254.146 2	43 125.28
2030	11.7	44.7	43.6	0.4608	温和	30 523.55	5 310.106	898 460.8	1 149 474	199 971.2	33 834 772	1 475.492	256.687 6	43 431.11
2031	11.6	44.6	43.8	0.4587	温和	32 049.73	5 575.612	940 659.6	1 264 422	219 968.3	37 110 774	1 490.247	259.254 5	43 738.75
2032	11.5	44.5	44	0.4566	温和	33 652.22	5 854.392	984 832.2	1 390 864	241 965.1	40 703 628	1 505.15	261.847	44 048.2
2033	11.4	44.4	44.2	0.4545	温和	35 334.83	6 147.112	1 031 070	1 529 950	266 161.6	44 643 945	1 520.201	264.465 5	44 359.47
2034	11.3	44.3	44.4	0.4525	温和	37 101.57	6 454.468	1 079 470	1 682 945	292 777.8	48 965 289	1 535.403	267.110 2	44 672.55
2035	11.2	44.2	44.6	0.4505	温和	38 956.65	6 777.191	1 130 132	1 851 240	322 055.5	53 704 462	1 550.757	269.781 3	44 987.47

续 表

年份	三大产业比重及产业结构调整幅度					5%增速时人均GDP与环境污染排放量			10%增速时人均GDP与环境污染排放量			1%增速时人均GDP与环境污染排放量		
	第一产业比重(%)	第二产业比重(%)	第三产业比重(%)	第三产业比重的年增长率(%)	产业结构调整幅度	5%增速时的GDP(亿元)	人均GDP(元)	环境污染排放总量(吨)	10%增速时的GDP(亿元)	人均GDP(元)	环境污染排放总量(吨)	1%增速时的GDP(亿元)	人均GDP(元)	环境污染排放总量(吨)
2036	11.1	44.1	44.8	0.448 4	温和	40 904.48	7 116.051	1 183 162	2 036 364	354 261.1	58 901 817	1 566.265	272.479 1	45 304.21
2037	11	44	45	0.446 4	温和	42 949.71	7 471.853	1 238 670	2 240 000	389 687.2	64 601 599	1 581.927	275.203 9	45 622.79
2038	10.9	43.9	45.2	0.444 4	温和	45 097.19	7 845.446	1 296 770	2 464 000	428 655.9	70 852 319	1 597.747	277.955 9	45 943.21
2039	10.8	43.8	45.4	0.442 5	温和	47 352.05	8 237.718	1 357 583	2 710 400	471 521.5	77 707 167	1 613.724	280.735 5	46 265.47
2040	10.7	43.7	45.6	0.440 5	温和	49 719.65	8 649.604	1 421 236	2 981 440	518 673.7	85 224 461	1 629.861	283.542 8	46 589.59
2041	10.6	43.6	45.8	0.438 6	温和	52 205.64	9 082.084	1 487 861	3 279 584	570 541	93 468 143	1 646.16	286.378 3	46 915.56
2042	10.5	43.5	46	0.436 7	温和	54 815.92	9 536.188	1 557 594	3 607 542	627 595.1	1.03E+08	1 662.622	289.242	47 243.39
2043	10.4	43.4	46.2	0.434 8	温和	57 556.71	10 013	1 630 582	3 968 297	690 354.6	1.12E+08	1 679.248	292.134 5	47 573.09
2044	10.3	43.3	46.4	0.432 9	温和	60 434.55	10 513.65	1 706 974	4 365 126	759 390.1	1.23E+08	1 696.04	295.055 8	47 904.66
2045	10.2	43.2	46.6	0.431	温和	63 456.28	11 039.33	1 786 929	4 801 639	835 329.1	1.35E+08	1 713.001	298.006 4	48 238.1
2046	10.1	43.1	46.8	0.429 2	温和	66 629.09	11 591.3	1 870 612	5 281 803	918 862	1.48E+08	1 730.131	300.986 4	48 573.42
2047	10	43	47	0.427 4	温和	69 960.55	12 170.86	1 958 196	5 809 983	1 010 748	1.63E+08	1 747.432	303.996 3	48 910.62
2048	9.9	42.9	47.2	0.425 5	温和	73 458.57	12 779.4	2 049 861	6 390 981	1 111 823	1.78E+08	1 764.906	307.036 3	49 249.71

第六章 中国的环境库兹涅茨倒 U 型曲线一定成立吗

续 表

年份	三大产业比重及产业结构调整幅度					5%增速时人均 GDP 与环境污染排放量			10%增速时人均 GDP 与环境污染排放量			1%增速时人均 GDP 与环境污染排放量		
	第一产业比重(%)	第二产业比重(%)	第三产业比重(%)	第三产业比重的年增长率(%)	产业结构调整幅度	5%增速时的 GDP(亿元)	人均 GDP(元)	环境污染排放总量(吨)	10%增速时的 GDP(亿元)	人均 GDP(元)	环境污染排放总量(吨)	1%增速时的 GDP(亿元)	人均 GDP(元)	环境污染排放总量(吨)
2049	9.8	42.8	47.4	0.423 7	温和	77 131.5	13 418.37	2 145 798	7 030 079	1 223 005	1.96E+08	1 782.555	310.106 6	49 590.69
2050	9.7	42.7	47.6	0.421 9	温和	80 988.08	14 089.29	2 246 204	7 733 087	1 345 306	2.14E+08	1 800.381	313.207 7	49 933.57
2051	9.6	42.6	47.8	0.420 2	温和	85 037.48	14 793.76	2 351 286	8 506 396	1 479 836	2.35E+08	1 818.385	316.339 8	50 278.34
2052	9.5	42.5	48	0.418 4	温和	89 289.35	15 533.45	2 461 261	9 357 036	1 627 820	2.58E+08	1 836.569	319.503 2	50 625.01
2053	9.4	42.4	48.2	0.416 7	温和	92 594.11	16 108.37	2 544 486	10 292 739	1 790 602	2.83E+08	1 854.934	322.698 2	50 973.59
2054	9.3	42.3	48.4	0.414 9	温和	96 367.83	16 764.87	2 639 997	11 322 013	1 969 662	3.1E+08	1 873.484	325.925 2	51 324.08
2055	9.2	42.2	48.6	0.413 2	温和	100 141.6	17 421.38	2 734 866	12 454 215	2 166 629	3.4E+08	1 892.218	329.184 4	51 676.49
2056	9.1	42.1	48.8	0.411 5	温和	103 915.3	18 077.88	2 829 093	13 699 636	2 383 291	3.73E+08	1 911.141	332.476 3	52 030.8
2057	9	42	49	0.409 8	温和	107 689	18 734.39	2 922 679	15 069 600	2 621 621	4.09E+08	1 930.252	335.801	52 387.04
2058	8.9	41.9	49.2	0.408 2	温和	111 462.7	19 390.89	3 015 624	16 576 560	2 883 783	4.48E+08	1 949.555	339.159	52 745.2
2059	8.8	41.8	49.4	0.406 5	温和	115 236.4	20 047.39	3 107 927	18 234 216	3 172 161	4.92E+08	1 969.05	342.550 6	53 105.28
2060	8.7	41.7	49.6	0.404 9	温和	119 010.2	20 703.9	3 199 588	20 057 637	3 489 377	5.39E+08	1 988.741	345.976 1	53 467.29
2061	8.6	41.6	49.8	0.403 2	温和	122 783.9	21 360.4	3 290 608	22 063 401	3 838 315	5.91E+08	2 008.628	349.435 9	53 831.23

续 表

年份	第一产业比重(%)	第二产业比重(%)	第三产业比重(%)	三大产业比重及产业结构调整幅度 第三产业比重的年增长率(%)	产业结构调整幅度	5%增速时的GDP(亿元)	5%增速时人均GDP与环境污染排放量 人均GDP(元)	环境污染排放总量(吨)	10%增速时的GDP(亿元)	10%增速时人均GDP与环境污染排放量 人均GDP(元)	环境污染排放总量(吨)	1%增速时的GDP(亿元)	1%增速时人均GDP与环境污染排放量 人均GDP(元)	环境污染排放总量(吨)
2062	8.5	41.5	50	0.4016	温和	126 557.6	22 016.91	3 380 986	24 269 741	4 222 146	6.48E+08	2 028.714	352.9303	54 197.1
2063	8.4	41.4	50.2	0.4	温和	130 331.3	22 673.41	3 470 723	26 696 715	4 644 361	7.11E+08	2 049.001	356.4596	54 564.91
2064	8.3	41.3	50.4	0.3984	温和	134 105	23 329.92	3 559 818	29 366 387	5 108 797	7.8E+08	2 069.491	360.0242	54 934.65
2065	8.2	41.2	50.6	0.3968	温和	137 878.8	23 986.42	3 648 272	32 303 025	5 619 677	8.55E+08	2 090.186	363.6244	55 306.33
2066	8.1	41.1	50.8	0.3953	温和	141 652.5	24 642.93	3 736 084	35 533 328	6 181 644	9.37E+08	2 111.088	367.2606	55 679.95
2067	8	41	51	0.3937	温和	145 426.2	25 299.43	3 823 255	39 086 661	6 799 809	1.03E+09	2 132.199	370.9332	56 055.51
2068	7.9	40.9	51.2	0.3922	温和	149 199.9	25 955.94	3 909 784	42 995 327	7 479 790	1.13E+09	2 153.521	374.6426	56 433.02
2069	7.8	40.8	51.4	0.3906	温和	152 973.6	26 612.44	3 995 671	47 294 859	8 227 769	1.24E+09	2 175.056	378.389	56 812.47
2070	7.7	40.7	51.6	0.3891	温和	156 747.4	27 268.95	4 080 917	52 024 345	9 050 545	1.35E+09	2 196.807	382.1729	57 193.87
2071	7.6	40.6	51.8	0.3876	温和	160 521.1	27 925.45	4 165 522	57 226 780	9 955 600	1.49E+09	2 218.775	385.9946	57 577.21
2072	7.5	40.5	52	0.3861	温和	164 294.8	28 581.96	4 249 485	62 949 458	10 951 160	1.63E+09	2 240.963	389.8546	57 962.5

注：本表以1952年为基年。

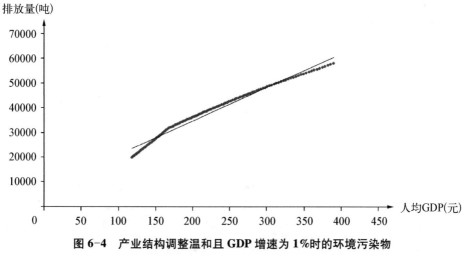

图 6-4　产业结构调整温和且 GDP 增速为 1%时的环境污染物
排放量与人均 GDP 之间的数量关系

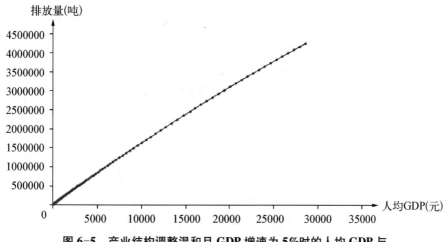

图 6-5　产业结构调整温和且 GDP 增速为 5%时的人均 GDP 与
环境污染物排放量之间的数量关系

图 6-5 中拟合线的形状为正相关的直线。这表明在产业结构调整幅度温和且经济为 5%的中低速增长时,在整个产业结构调整阶段中国环境污染排放量与人均 GDP 之间呈正相关的线性关系。

图 6-6 中拟合线的形状为正相关的直线。这表明在产业结构调整幅度温和且经济为 10%的高速增长时,在整个产业结构调整阶段中国环境污染物排放量与人均 GDP 之间呈正相关的线性关系。

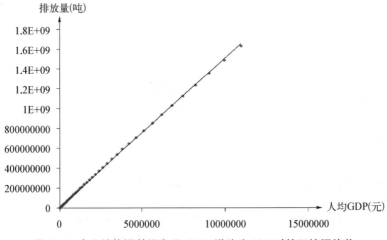

图 6-6　产业结构调整温和且 GDP 增速为 10%时的环境污染物
　　　　排放量与人均 GDP 之间的数量关系

（二）产业结构调整幅度剧烈、经济增长速度不同时中国环境污染排放量与人均 GDP 之间的数量关系

图 6-7 中拟合线的形状为倒 U 型,这表明:在产业结构调整幅度剧烈且经济为 1%的低速增长时,在整个产业结构调整阶段中国环境污染物排放量与人均 GDP 之间呈倒 U 型曲线关系。

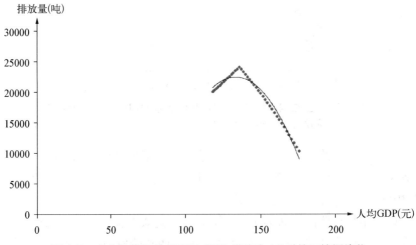

图 6-7　产业结构调整剧烈且 GDP 增速为 1%时的环境污染物
　　　　排放量与人均 GDP 之间的数量关系

表 6-8 产业结构调整幅度剧烈，经济增长速度不同时的人均 GDP 与环境污染物排放量之间的数量关系

年份	第一产业比重(%)	第二产业比重(%)	第三产业比重(%)	第三产业比重的年增长率(%)	产业结构调整幅度	5%增速时的 GDP(亿元)	5%增速时人均 GDP(元)	环境污染物排放总量(吨)	10%增速时的 GDP(亿元)	10%增速时人均 GDP(元)	环境污染物排放总量(吨)	1%增速时的 GDP(亿元)	1%增速时人均 GDP(元)	环境污染物排放总量(吨)
1952	51	21	28			679	118.1239	19 996.55	679	118.1239	19 996.55	679	118.1239	19 996.55
1953	48	23	29	3.571 429	剧烈	712.95	124.0301	21 067.67	746.9	129.9363	22 070.9	685.79	119.3051	20 265.09
1954	45	25	30	3.448 276	剧烈	748.597 5	130.2316	22 195.92	821.59	142.93	24 360.14	692.647 9	120.498 2	20 537.01
1955	42	27	31	3.333 333	剧烈	786.027 4	136.743 2	23 384.31	903.749	157.223	26 886.53	699.574 4	121.703 2	20 812.34
1956	39	29	32	3.225 806	剧烈	825.328 7	143.580 4	24 636.06	994.123 9	172.945 3	29 674.6	706.570 1	122.920 2	21 091.12
1957	36	31	33	3.125	剧烈	866.595 2	150.759 4	25 954.53	1 093.536	190.239 8	32 751.41	713.635 8	124.149 4	21 373.39
1958	33	33	34	3.030 303	剧烈	909.924 9	158.297 4	27 343.24	1 202.89	209.263 8	36 146.84	720.772 2	125.390 9	21 659.2
1959	30	35	35	2.941 176	剧烈	955.421 2	166.212 2	28 805.95	1 323.179	230.190 1	39 893.84	727.979 9	126.644 8	21 948.59
1960	27	37	36	2.857 143	剧烈	1 003.192	174.522 8	30 346.57	1 455.497	253.209 1	44 028.78	735.259 7	127.911 3	22 241.61
1961	24	39	37	2.777 778	剧烈	1 053.352	183.249	31 969.23	1 601.046	278.530 1	48 591.76	742.612 3	129.190 4	22 538.28
1962	21	41	38	2.702 703	剧烈	1 106.019	192.411 4	33 678.29	1 761.151	306.383 1	53 627.05	750.038 4	130.482 3	22 838.67
1963	18	43	39	2.631 579	剧烈	1 161.32	202.032	35 478.34	1 937.266	337.021 4	59 183.48	757.538 8	131.787 1	23 142.81
1964	15	45	40	2.564 103	剧烈	1 219.386	212.133 6	37 374.19	2 130.993	370.723 5	65 314.93	765.114 2	133.105	23 450.75
1965	12	47	41	2.5	剧烈	1 280.356	222.740 3	39 370.94	2 344.092	407.795 9	72 080.83	772.765 3	134.436	23 762.53

续表

年份	三大产业比重及产业结构调整幅度					5%增速时人均GDP与环境污染排放量			10%增速时人均GDP与环境污染排放量			1%增速时人均GDP与环境污染排放量		
	第一产业比重(%)	第二产业比重(%)	第三产业比重(%)	第三产业比重的年增长率(%)	产业结构调整幅度	5%增速时的GDP(亿元)	人均GDP(元)	环境污染排放总量(吨)	10%增速时的GDP(亿元)	人均GDP(元)	环境污染排放总量(吨)	1%增速时的GDP(亿元)	人均GDP(元)	环境污染排放总量(吨)
1966	9	49	42	2.439 024	剧烈	1 344.374	233.877 3	41 473.92	2 578.501	448.575 4	79 546.77	780.493	135.780 4	24 078.21
1967	9	47.5	43.5	3.571 429	剧烈	1 411.592	245.571 2	42 425.4	2 836.352	493.433	85 246.54	788.297 9	137.138 2	23 692.29
1968	9	46	45	3.448 276	剧烈	1 482.172	257.849 7	43 368.35	3 119.987	542.776 3	91 290.81	796.180 9	138.509 6	23 296.25
1969	9	44.5	46.5	3.333 333	剧烈	1 556.28	270.742 2	44 299.52	3 431.985	597.053 9	97 691.46	804.142 7	139.894 7	22 889.92
1970	9	43	48	3.225 806	剧烈	1 634.094	284.279 3	45 215.39	3 775.184	656.759 3	104 459.3	812.184 1	141.293 6	22 473.13
1971	9	41.5	49.5	3.125	剧烈	1 715.799	298.493 3	46 112.1	4 152.702	722.435 2	111 603.9	820.306	142.706 5	22 045.72
1972	9	40	51	3.030 303	剧烈	1 801.589	313.418	46 985.44	4 567.972	794.678 8	119 132.7	828.509	144.133 6	21 607.51
1973	9	38.5	52.5	2.941 176	剧烈	1 891.669	329.088 9	47 830.84	5 024.77	874.146 6	127 051.3	836.794 1	145.574 9	21 158.34
1974	9	37	54	2.857 143	剧烈	1 986.252	345.543 3	48 643.31	5 527.247	961.561 3	135 362.3	845.162 1	147.030 7	20 698.02
1975	9	35.5	55.5	2.777 778	剧烈	2 085.565	362.820 5	49 417.45	6 079.971	1 057.717	144 064.9	853.613 7	148.501	20 226.38
1976	9	34	57	2.702 703	剧烈	2 189.843	380.961 5	50 147.4	6 687.968	1 163.489	153 154.5	862.149 8	149.986	19 743.23
1977	9	32.5	58.5	2.631 579	剧烈	2 299.335	400.009 6	50 826.8	7 356.765	1 279.838	162 621.3	870.771 3	151.485 9	19 248.4
1978	9	31	60	2.564 103	剧烈	2 414.302	420.01	51 448.77	8 092.442	1 407.822	172 449.9	879.479	153.000 7	18 741.7
1979	9	29.5	61.5	2.5	剧烈	2 535.017	441.010 5	52 005.87	8 901.686	1 548.604	182 618.1	888.273 8	154.530 7	18 222.94

续 表

年份	三大产业比重及产业结构调整幅度					5%增速时人均GDP与环境污染排放量			10%增速时人均GDP与环境污染排放量			1%增速时人均GDP与环境污染排放量		
	第一产业比重(%)	第二产业比重(%)	第三产业比重(%)	第三产业比重的年增长率(%)	产业结构调整幅度	5%增速时的GDP(亿元)	人均GDP(元)	环境污染排放总量(吨)	10%增速时的GDP(亿元)	人均GDP(元)	环境污染排放总量(吨)	1%增速时的GDP(亿元)	人均GDP(元)	环境污染排放总量(吨)
1980	9	28	63	2.439 024	剧烈	2 661.768	463.061 1	52 490.06	9 791.855	1 703.465	193 095.4	897.156 6	156.076	17 691.93
1981	9	26.5	64.5	2.380 952	剧烈	2 794.856	486.214 1	52 892.65	10 771.04	1 873.811	203 841.9	906.128 1	157.636 8	17 148.47
1982	9	25	66	2.325 581	剧烈	2 934.599	510.524 8	53 204.28	11 848.14	2 061.192	214 806.9	915.189 4	159.213 2	16 592.38
1983	9	23.5	67.5	2.272 727	剧烈	3 081.329	536.051 1	53 414.84	13 032.96	2 267.311	225 926.3	924.341 3	160.805 3	16 023.46
1984	9	22	69	2.222 222	剧烈	3 235.395	562.853 6	53 513.44	14 336.25	2 494.042	237 121.6	933.584 7	162.413 4	15 441.49
1985	9	20.5	70.5	2.173 913	剧烈	3 397.165	590.996 3	53 488.36	15 769.88	2 743.447	248 296.8	942.920 6	164.037 5	14 846.28
1986	9	19	72	2.127 66	剧烈	3 567.023	620.546 1	53 327	17 346.87	3 017.791	259 335.7	952.349 8	165.677 9	14 237.63
1987	9	17.5	73.5	2.083 333	剧烈	3 745.374	651.573 4	53 015.78	19 081.55	3 319.57	270 099.4	961.873 3	167.334 6	13 615.32
1988	9	16	75	2.040 816	剧烈	3 932.643	684.152 1	52 540.11	20 989.71	3 651.527	280 422.5	971.492	169.008	12 979.13
1989	9	14.5	76.5	2	剧烈	4 129.275	718.359 7	51 884.34	23 088.68	4 016.68	290 109.3	981.206 9	170.698 1	12 328.86
1990	9	13	78	1.960 784	剧烈	4 335.739	754.277 7	51 031.65	25 397.55	4 418.348	298 929.2	991.019	172.405	11 664.29
1991	9	11.5	79.5	1.923 077	剧烈	4 552.526	791.991 6	49 963.97	27 937.3	4 860.183	306 611.9	1 000.929	174.129 1	10 985.2
1992	9	10	81	1.886 792	剧烈	4 780.152	831.591 2	48 661.95	30 731.03	5 346.201	312 841.9	1 010.938	175.870 4	10 291.35

注：本表以1952年为基年。

图 6-8 中拟合线的形状为倒 U 型,这表明:在产业结构调整幅度剧烈且经济为 5%的中低速增长时,在整个产业结构调整阶段中国环境污染物排放量与人均 GDP 之间呈倒 U 型曲线关系。

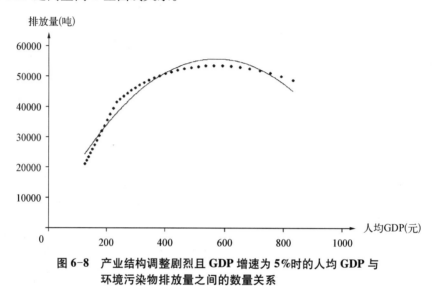

图 6-8　产业结构调整剧烈且 GDP 增速为 5%时的人均 GDP 与环境污染物排放量之间的数量关系

图 6-9 中拟合线的形状为正相关的直线,这表明:在产业结构调整幅度剧烈且经济为 10%的高速增长时,在整个产业结构调整阶段中国环境污染物排放

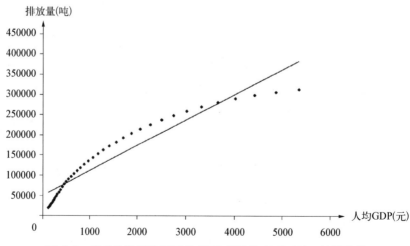

图 6-9　产业结构调整剧烈且 GDP 增速为 10%时的环境污染物排放量与人均 GDP 之间的数量关系

量与人均 GDP 之间呈正相关的线性关系。

（三）产业结构调整幅度剧烈且经济增长速度发生转变时，中国环境污染排放量与人均 GDP 之间的数量关系

表 6-9　产业结构调整幅度剧烈、经济增长速度发生改变时的
人均 GDP 与环境污染物排放量之间的数量关系

年份	三大产业比重及产业结构调整幅度					1%增速向10%增速转变时期人均GDP与环境污染排放量			
	第一产业比重（%）	第二产业比重（%）	第三产业比重（%）	第三产业比重的年增长率（%）	产业结构调整幅度	GDP（亿元）	GDP的增速	人均GDP（元）	环境污染排放总量（吨）
1952	51	21	28			679	1%	118.123 9	19 996.55
1953	48	23	29	3.571 429	剧烈	685.79	1%	119.305 2	20 265.09
1954	45	25	30	3.448 276	剧烈	692.647 9	1%	120.498 2	20 537.01
1955	42	27	31	3.333 333	剧烈	699.574 4	1%	121.703 2	20 812.34
1956	39	29	32	3.225 806	剧烈	706.570 1	1%	122.920 2	21 091.12
1957	36	31	33	3.125	剧烈	713.635 8	1%	124.149 4	21 373.39
1958	33	33	34	3.030 303	剧烈	720.772 2	1%	125.390 9	21 659.2
1959	30	35	35	2.941 176	剧烈	727.979 9	1%	126.644 8	21 948.59
1960	27	37	36	2.857 143	剧烈	735.259 7	1%	127.911 3	22 241.61
1961	24	39	37	2.777 778	剧烈	742.612 3	1%	129.190 4	22 538.28
1962	21	41	38	2.702 703	剧烈	750.038 4	1%	130.482 3	22 838.67
1963	18	43	39	2.631 579	剧烈	757.538 8	1%	131.787 1	23 142.81
1964	15	45	40	2.564 103	剧烈	765.114 2	1%	133.105	23 450.75
1965	12	47	41	2.5	剧烈	772.765 3	1%	134.436 1	23 762.53
1966	9	49	42	2.439 024	剧烈	780.493	1%	135.780 4	24 078.21
1967	9	47.5	43.5	3.571 429	剧烈	788.297 9	1%	137.138 2	23 692.29
1968	9	46	45	3.448 276	剧烈	796.180 9	1%	138.509 6	23 296.25

续 表

年份	三大产业比重及产业结构调整幅度					1%增速向10%增速转变时期人均GDP与环境污染排放量			
	第一产业比重(%)	第二产业比重(%)	第三产业比重(%)	第三产业比重的年增长率(%)	产业结构调整幅度	GDP(亿元)	GDP的增速	人均GDP(元)	环境污染排放总量(吨)
1969	9	44.5	46.5	3.333 333	剧烈	804.142 7	1%	139.894 7	22 889.92
1970	9	43	48	3.225 806	剧烈	812.184 1	1%	141.293 6	22 473.14
1971	9	41.5	49.5	3.125	剧烈	820.306	1%	142.706 6	22 045.72
1972	9	40	51	3.030 303	剧烈	828.509	1%	144.133 6	21 607.52
1973	9	38.5	52.5	2.941 176	剧烈	836.794 1	1%	145.575	21 158.34
1974	9	37	54	2.857 143	剧烈	845.162 1	1%	147.030 7	20 698.02
1975	9	35.5	55.5	2.777 778	剧烈	853.613 7	1%	148.501	20 226.38
1976	9	34	57	2.702 703	剧烈	862.149 8	1%	149.986 1	19 743.23
1977	9	32.5	58.5	2.631 579	剧烈	870.771 3	1%	151.485 9	19 248.4
1978	9	31	60	2.564 103	剧烈	957.848 4	10%	166.634 5	20 411.749 4
1979	9	29.5	61.5	2.5	剧烈	1 053.633	10%	183.297 9	21 615.281
1980	9	28	63	2.439 024	剧烈	1 158.997	10%	201.627 7	22 855.420 84
1981	9	26.5	64.5	2.380 952	剧烈	1 274.896	10%	221.790 5	24 127.406 8
1982	9	25	66	2.325 581	剧烈	1 402.386	10%	243.969 6	25 425.258 18
1983	9	23.5	67.5	2.272 727	剧烈	1 542.624	10%	268.366 5	26 741.387 04
1984	9	22	69	2.222 222	剧烈	1 696.887	10%	295.203 2	28 066.510 98
1985	9	20.5	70.5	2.173 913	剧烈	1 866.576	10%	324.723 5	29 389.239 12
1986	9	19	72	2.127 66	剧烈	2 053.233	10%	357.195 8	30 695.833 35
1987	9	17.5	73.5	2.083 333	剧烈	2 258.556	10%	392.915 4	31 969.860 18
1988	9	16	75	2.040 816	剧烈	2 484.412	10%	432.207	33 191.744 32
1989	9	14.5	76.5	2	剧烈	2 732.853	10%	475.427 7	34 338.297 94

续　表

年份	三大产业比重及产业结构调整幅度					1%增速向10%增速转变时期人均GDP与环境污染排放量			
	第一产业比重(%)	第二产业比重(%)	第三产业比重(%)	第三产业比重的年增长率(%)	产业结构调整幅度	GDP(亿元)	GDP的增速	人均GDP(元)	环境污染排放总量(吨)
1990	9	13	78	1.960 784	剧烈	3 006.139	10%	522.970 4	35 382.256 03
1991	9	11.5	79.5	1.923 077	剧烈	3 306.753	10%	575.267 5	36 291.614 18
1992	9	10	81	1.886 792	剧烈	3 637.428	10%	632.794 2	37 029.017 04

注：本表以1952年为基年。

图 6-10 中拟合线的形状为波浪型，这表明：在整个产业结构调整阶段，当中国产业结构调整幅度剧烈且经济增长速度经历 1%的低速增长向 10%的高速增长转变过程时，环境污染排放量与人均 GDP 之间呈波浪型曲线关系。

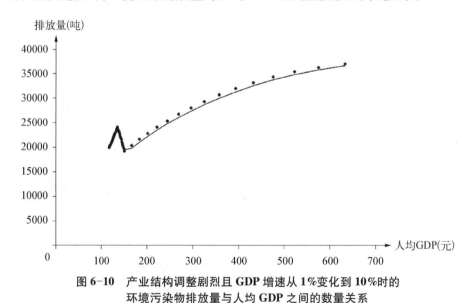

图 6-10　产业结构调整剧烈且 GDP 增速从 1%变化到 10%时的
环境污染物排放量与人均 GDP 之间的数量关系

（四）校准分析结论

结合图 6-4 至图 6-10 的分析，本章得到如下研究结论。

结论1：当中国产业结构调整幅度温和时，不论经济是低速、中低速还是高速增长，则在整个产业结构调整过程中，随着人均GDP的增加，环境污染排放量会一直增加，从而中国的环境污染排放量与中国的人均GDP之间呈正相关的线性关系。当产业结构调整幅度剧烈且经济处于高速增长时，则在整个产业结构调整过程中，随着中国的人均GDP增加，环境污染排放量会一直增加，从而环境污染排放量与人均GDP之间呈正相关的线性关系。

结论2：当中国产业结构调整幅度剧烈且经济处于低速时，则在整个产业结构调整过程中，随着人均GDP增加，环境污染排放量会先增加后减少，从而中国的环境污染排放量与人均GDP之间呈倒U型曲线关系。

结论3：当中国产业结构调整幅度剧烈且经济增长经历低速增长向高速增长转变时，则在整个产业结构调整过程中，随着中国的人均GDP增加，环境污染排放量会出现先增加、然后减少、最后增加的数量特征，从而中国的环境污染排放量与人均GDP之间呈波浪型曲线关系。

第五节 本章小结

本章对环境库兹涅茨倒U型曲线进行了再检验。本章采用1994—2015年中国的省级面板数据进行了实证分析，计量分析表明：在不考虑空间地理因素影响时，在全国范围内我国COD排放量与人均GDP之间存在显著的倒U型曲线关系，我国东部地区的COD排放量与人均GDP之间存在显著的倒U型曲线关系，我国中部地区的COD排放量与人均GDP之间存在显著的波浪型曲线关系，我国西部地区的COD排放量与人均GDP之间存在显著的正相关的线性关系。考虑空间地理因素影响时的空间自回归（SAR）模型和空间误差模型（SER）模型分析表明：1994—2015年我国东部地区的COD排放量与人均GDP之间存在显著的倒U型曲线关系，我国中部地区的COD排放量与人均GDP之间存在显著的波浪型曲线关系，我国西部地区的COD排放量与人均GDP之间存在显著的正相关的线性关系。文章的研究结论充分说明了环境库兹涅茨曲线并不一定是倒U型的，还可能是波浪型、正相关的线性关系。

本章从经济增长速度和产业结构调整幅度共同对环境污染排放量产生影响的视角对不同形状的环境库兹涅茨曲线成立条件进行解释，并采用中国的相关数据进行了校准分析,数值模拟研究表明:当中国产业结构调整幅度剧烈且经济处于低速或中低速增长时,在整个产业结构调整阶段(产业结构经历从第一产业为主导向第二产业为主导转变,再经历第二产业为主导向第三产业为主导转变)环境污染排放量与人均 GDP 之间存在倒 U 型曲线关系;当中国产业结构调整幅度剧烈且经济处于高速增长时,在整个产业结构调整阶段,环境污染排放量与人均 GDP 之间存在正相关的线性关系;当中国产业结构调整幅度温和时,不论经济处于低速增长、中低速增长还是高速增长,在整个产业结构调整阶段,环境污染排放量与人均 GDP 之间始终存在正相关的线性关系;当中国产业结构调整幅度剧烈且经济处于低速向高速转变过程阶段,在整个产业结构调整阶段,环境污染排放量与人均 GDP 之间存在波浪型曲线关系。本章的校准分析充分说明了中国不同地区出现的线型、倒 U 型、波浪型环境库兹涅茨曲线的形成机制。

第七章 经济新常态特征下的环境库兹涅茨倒 U 型曲线检验
——基于 CGE 模型的分析

第一节 引 言

自从环境库兹涅茨倒 U 型曲线提出以来,国内外学者主要采用面板数据或时间数据计量模型进行了大量的实证检验,取得了大量的研究成果,不断丰富和发展了环境库兹涅茨倒 U 型曲线的研究内涵。Grossman 和 Krueger(1991)、Hilton and Levinson(1998)、Brajer et al.(2011)、沈满洪(2000)、王敏(2015)、李鹏(2015)对环境库兹涅茨倒 U 型曲线的研究做出了实质性的贡献。然而,相关研究并没有真正揭示环境库兹涅茨倒 U 型曲线的形成过程。从宏观上看,产业结构调整幅度和经济增长速度是影响环境污染排放的两个重要因素,但已有研究却并没有将经济增长速度纳入分析框架。本书从产业结构调整幅度和经济增长速度共同影响视角来论证环境库兹涅茨倒 U 型曲线的形成过程,弥补了已有研究的不足,这是本书研究视角上的一个创新。

2013 年以来,我国经济进入了新常态阶段,从此我国经济进入产业结构调整剧烈且增长速度从高速向中高速转变时期。对于经济新常态特征下的环境库兹涅茨倒 U 型曲线检验,是国内外学者面临的一个新的重大现实问题。本书将该问题进行相关实证研究。

本章构建 CGE 模型进行数值模拟分析,充分展示经济新常态特征下环境库兹涅茨倒 U 型曲线的形成过程中和数量特征。因此,将 CGE 模型运用到环境库兹涅茨倒 U 型曲线的相关研究,是本书研究方法上的一个创新。

本章结构安排如下：第一节为引言，第二节为CGE模型构建，第三节为CGE模型中环境污染规模效应和环境污染结构性效应的体现，第四节为基于CGE模型的数据分析，第五节为基于CGE模型的预测分析，第六节为本章小结。

第二节 CGE模型的构建

一、CGE模型的数值模拟原理介绍

CGE模型的数值模拟分析原理如图7-1所示，主要分两个步骤完成。第一个步骤：在基准年份设定外生变量的数值，然后运用CGE模型的关键方程进行相关计算，以确定在基准年份时的各内生变量的数值。第二个步骤：在基准年份之外变动外生变量的数值，然后运用CGE模型的关键方程进行相关计算，以确定在基准年份之外时的各内生变量的数值。

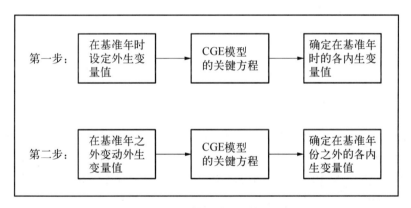

图7-1 CGE模型的数值模拟原理

二、本书中CGE模型的相关变量介绍及数据生成

（一）相关变量介绍

本书将1952年设定为基准年份。本书中的CGE模型的关键方程为公式(7-1)和公式(7-2)。

$$E_t = \sum_{i=1}^{i=3} E_{t,i} = \sum_{i=1}^{i=3}(q_{t,i} \times GDP_{t,i}) = \sum_{i=1}^{i=3}[q_{t,i} \times (GDP_t \times p_{t,i})]$$

$$= q_{t,1} \times GDP_t \times p_{t,1} + q_{t,2} \times GDP_t \times p_{t,2} + q_{t,3} \times GDP_t \times p_{t,3}$$

$$= q_{t,1} \times (GDP_{t-1} \times (1+v_t)) \times p_{t,1} + q_{t,2} \times (GDP_{t-1} \times (1+v_t)) \times p_{t,2}$$

$$+ q_{t,3} \times (GDP_{t-1} \times (1+v_t)) \times p_{t,3}$$

$$= \underbrace{(GDP_{t-1} \times (1+v_t))}_{\text{第}t\text{年的}GDP\text{总量}} \times \underbrace{(q_{t,1} \times p_{t,1} + q_{t,2} \times p_{t,2} + q_{t,3} \times p_{t,3})}_{\text{第}t\text{年的1单位}GDP\text{所对应的环境污染排放量}} \quad (7-1)$$

公式(7-1)中，E_t 为第 t 年的环境污染排放总量，$E_{t,i}$ 为第 i 产业在第 t 年的环境污染排放总量，$q_{t,i}$ 为第 i 产业在第 t 年的环境污染排放强度，GDP_t 为第 t 年的 GDP 值（三大产业的 GDP 总和），GDP_{t-1} 为第 $t-1$ 年的 GDP 值，v_t 为第 t 年的 GDP 的增长速度，$p_{t,i}$ 为第 i 产业在第 t 年占当年 GDP 的比重。公式(7-1) 中的 i 等于 1，2 或 3。

公式(7-1)中，$(GDP_{t-1} \times (1+v_t))$ 为第 t 年的 GDP 总量，$q_{t,1} \times p_{t,1} + q_{t,2} \times p_{t,2} + q_{t,3} \times p_{t,3}$ 为第 t 年一单位 GDP 所对应的环境污染排放量。

公式(7-2)中，$RGDP_t$ 为第 t 年的人均 GDP，L_t 为第 t 年的人口规模。本书假定人口规模在各年份始终不变，且始终等于在基准年份的人口规模值。1952 年我国人口规模为 5.748 2 亿，因此，L_t 为 5.748 2 亿人。1952 年我国的 GDP 为 679 亿元人民币。

$$RGDP_t = \frac{GDP_{t-1} \times (1+v_t)}{L_t} \quad (7-2)$$

根据我国 2015 年三大产业 GDP 的数据及三大产业环境污染排放量（SO_2）的数据，可以计算出第一产业环境污染排放强度为 0.34×10^{-6} 吨/元，第二产业环境污染排放强度为 0.55×10^{-6} 吨/元，第三产业环境污染排放强度为 0.02×10^{-6} 吨/元。

文章假定三大产业在各年份的环境污染排放强度始终不变，即 $q_{t,1}$ 为 0.34×10^{-6} 吨/元，$q_{t,2}$ 为 0.55×10^{-6} 吨/元，$q_{t,3}$ 为 0.02×10^{-6} 吨/元。

本章 CGE 模型所对应的外生变量为：GDP_t、v_t 和 $p_{t,i}$。

本章 CGE 模型所对应的内生变量为：E_t 和人均 GDP。

本章 CGE 模型中在各年份始终不变的变量为：L_t、$q_{t,1}$、$q_{t,2}$、$q_{t,3}$。

（二）基准年份各外生变量值的确定

本书将 1952 年设定为基期。据《新中国六十年统计资料汇编》数据显示，

1952 年我国 GDP 为 679 亿元,1952 年人口为 57 482 万人,1952 年人均 GDP 约为 118 元/人;1952 年 GDP 的三大产业比重分别为:第一产业比重为 51%,第二产业比重为 20.8%,第三产业比重为 28.2%。

$$GDP_{1952} = 679, P_{1952,1} = 51\%, P_{1952,2} = 21\%, P_{1952,3} = 28\%,$$

根据各外生变量在基准年份的值,再结合 $L_t = 5.7482$, $q_{t,1} = 0.34 \times 10^{-6}$, $q_{t,2} = 0.55 \times 10^{-6}$, $q_{t,3} = 0.02 \times 10^{-6}$,可计算出在基准年份时的各内生变量的值:

$$RGDP_{1952} = 118.12393, E_{1952} = 19996.55$$

(三)基准年份之外各外生变量的值

本章将 1953 年经济增长速度设定为 10%,1953 年第一产业所占比重设定为 48%,第二产业所占比重设定为 23%,第三产业所占比重设定为 29%。

$$v_{1953} = 10\%, P_{1953,1} = 48\%, P_{1953,2} = 23\%, P_{1953,3} = 29\%$$

由 $GDP_{1952} = 679$ 和 $v_{1953} = 10\%$ 可计算出 $GDP_{1953} = 746.9$。

(四)基准年份之外各内生变量的值

根据各外生变量在 1953 年的值,再结合 $L_t = 5.7482$, $q_{t,1} = 0.34 \times 10^{-6}$, $q_{t,2} = 0.55 \times 10^{-6}$, $q_{t,3} = 0.02 \times 10^{-6}$,可计算出在 1953 年时的各内生变量的值:

$$RGDP_{1953} = 129.93633, E_{1953} = 22070.895$$

第三节 CGE 模型中环境污染规模效应和结构性效应的体现

一、环境污染规模效应和结构性效应的存在性

(一)产业结构调整幅度和经济增长速度的界定

由于在产业结构调整过程中,三大产业的比重会同时发生改变,但只有第三

产业的比重会一直增加。因此,文章以第三产业所占比重的增长率来表示产业结构调整幅度的大小。一般而言,第三产业所占比重的年增长速度大于1.5%,则说明当年的产业结构调整幅度剧烈;第三产业所占比重的年增长速度小于1.5%,则说明当年的产业结构调整幅度温和。

一般而言,当经济增长速度大于9%,则经济处于高速增长区间;当经济增长速度处于6.5%~9%的区间时,则经济处于中高速增长区间;当经济增长速度处于4%~6.5%区间时,则经济处于中低速增长区间;当经济增速处于0~4%区间段时,则经济处于低速增长区间。

(二)本章研究的经济增长速度大小和产业结构调整幅度

本章主要基于中国经济新常态特征进行分析。当产业结构处于第一产业为主导向第二产业为主导调整阶段,经济为高速增长,且产业结构调整剧烈;当产业结构处于第二产业为主导向第三产业为主导调整阶段,经济为中高速增长,且产业结构调整剧烈。

(三)环境污染规模效应和结构性效应同时存在的原因

经济增长速度所带来的环境规模效应的大小为:

$$
\begin{aligned}
E_t - E_{t-1} &= [(GDP_{t-1} \times (1+v_t)) \times (q_{t,1} \times p_{t,1} + q_{t,2} \times p_{t,2} + q_{t,3} \times p_{t,3})] - \\
&\quad [GDP_{t-1} \times (q_{t-1,1} \times p_{t-1,1} + q_{t-1,2} \times p_{t-1,2} + q_{t-1,3} \times p_{t-1,3})] \\
&= [(GDP_{t-1} \times (1+v_t)) \times (q_{t,1} \times p_{t,1} + q_{t,2} \times p_{t,2} + q_{t,3} \times p_{t,3})] - \\
&\quad [GDP_{t-1} \times (q_{t,1} \times p_{t,1} + q_{t,2} \times p_{t,2} + q_{t,3} \times p_{t,3})] \\
&= (GDP_t - GDP_{t-1}) \times (q_{t,1} \times p_{t,1} + q_{t,2} \times p_{t,2} + q_{t,3} \times p_{t,3}) \quad (7-2)
\end{aligned}
$$

产业结构调整所带来的环境污染结构性效应大小的表达式为:

$$
\begin{aligned}
E_t - E_{t-1} &= GDP_t \times (q_{t,1} \times p_{t,1} + q_{t,2} \times p_{t,2} + q_{t,3} \times p_{t,3}) \\
&\quad - GDP_{t-1} \times (q_{t-1,1} \times p_{t-1,1} + q_{t-1,2} \times p_{t-1,2} + q_{t-1,3} \times p_{t-1,3}) \\
&= GDP_t \times [(q_{t,1} \times p_{t,1} + q_{t,2} \times p_{t,2} + q_{t,3} \times p_{t,3}) \\
&\quad - (q_{t,1} \times p_{t-1,1} + q_{t,2} \times p_{t-1,2} + q_{t,3} \times p_{t-1,3})] \\
&= GDP_t \times [q_{t,1} \times (p_{t,1} - p_{t-1,1}) + q_{t,2} \times (p_{t,2} - p_{t-1,2}) \\
&\quad + q_{t,2} \times (p_{t,3} - p_{t-1,3})] \\
&= GDP_t \times (\Delta p_{t,1} \times q_{t,1} + \Delta p_{t,2} \times q_{t,2} + \Delta p_{t,3} \times q_{t,3}) \quad (7-3)
\end{aligned}
$$

由于一国在追求经济增长速度的过程中,必然伴随着产业结构的调整,因此经济增长速度所带来的环境污染规模效应和产业结构调整所带来的环境污染结构性效应会同时存在。文章基于产业结构调整幅度和经济增长速度共同影响的视角来分析人均 GDP 与环境污染排放总量之间的数量关系具有合理性。

二、环境污染规模效应和结构性效应的大小

（一）经济增长速度所带来的环境污染规模效应的大小

在产业结构不变的前提下,经济增长速度会导致经济规模的增加,经济规模的增加会导致三大产业产值的增加。在三大产业的单位 GDP 所对应的环境污染排放量(三大产业的环境污染排放强度)不变的条件下,三大产业产值的增加必然会导致环境污染排放总量的增加。实际上,只要 v_t 大于 0,公式(7-2)就大于 0,则在整个产业结构调整阶段经济增长速度所带来的环境污染规模效应始终为正值。

（二）产业结构调整所带来的环境污染结构性效应的大小

当产业结构处于第一产业为主导向第二产业为主导转变过程中,由于第二产业的环境污染排放强度最大,第一产业所占比重减少所导致的环境污染排放量减少量会小于第二产业所占比重和第三产业所占比重增加所导致的环境污染排放量增加量。公式(7-3)始终大于 0。因此,在满足经济不增长的条件下,当产业结构处于第一产业为主导向第二产业为主导转变过程中时,环境污染结构性效应为正值。

举例说明。在第 $t-1$ 年第一产业所占比重为 51%,第二产业所占比重为 21%,第三产业所占比重为 28%;在第 t 年第一产业所占比重为 50%,第二产业所占比重为 21.9%,第三产业所占比重为 28.1%;三大产业在各年份的环境污染排放强度始终不变,第一产业的环境污染排放强度 $q_{t,1}$ 为 0.34×10^{-6} 吨/元,第二产业的环境污染排放强度 $q_{t,2}$ 为 0.55×10^{-6} 吨/元,第三产业的环境污染排放强度 $q_{t,3}$ 为 0.02×10^{-6} 吨/元。设定 GDP 为 1 元,且经济不增长,则在第 $t-1$ 和第 t 年的 GDP 均为 1 元。则

$E_{t-1} = 0.2945 \times 10^{-6}$,即第 $t-1$ 年的环境污染排放量为:0.2945×10^{-6} 吨;

$E_t = 0.29607 \times 10^{-6}$,即第 t 年的环境污染排放量为:0.29607×10^{-6} 吨。

$E_t - E_{t-1} = 0.001\,57 \times 10^{-6}$,即第 t 年的环境污染排放量比第 $t-1$ 年的环境污染排放量要多 $0.001\,57 \times 10^{-6}$ 吨。由于 $0.001\,57 \times 10^{-6}$ 大于 0,则表明第 t 年产业结构调整所带来的环境污染结构性效应大小为正值。

当产业结构处于第二产业为主导向第三产业为主导转变过程中,由于第二产业的环境污染排放强度最大,第三产业所占比重的环境污染排放强度最小,因此第二产业和第一产业所占比重的减少所导致的环境污染排放量的减少量会大于第三产业所占比重的增加所导致的环境污染排放量的增加量。公式(7-3)始终小于 0。因此,在经济增长速度不变的前提下,当产业结构处于第二产业为主导向第三产业为主导[1]时,产业结构调整所带来的环境污染结构性效应为负值。

举例说明。在第 $t-1$ 年第一产业所占比重为 15%,第二产业所占比重为 48%,第三产业所占比重为 37%;在第 t 年第一产业所占比重为 14.8%,第二产业所占比重为 47.2%,第三产业所占比重为 38%;三大产业在各年份的环境污染排放强度始终不变,第一产业的环境污染排放强度 $q_{t,1}$ 为 0.34×10^{-6} 吨/元,第二产业的环境污染排放强度 $q_{t,2}$ 为 0.55×10^{-6} 吨/元,第三产业的环境污染排放强度 $q_{t,3}$ 为 0.02×10^{-6} 吨/元。设定 GDP 为 1 元,且经济不增长,则在第 $t-1$ 和第 t 年的 GDP 均为 1 元。则

$E_{t-1} = 0.322\,4 \times 10^{-6}$,即第 $t-1$ 年的环境污染排放量为:$0.322\,4 \times 10^{-6}$ 吨;

$E_t = 0.317\,52 \times 10^{-6}$,即第 t 年的环境污染排放量为:$0.317\,52 \times 10^{-6}$ 吨。

$E_t - E_{t-1} = -0.004\,88 \times 10^{-6}$,即第 t 年的环境污染排放量比第 $t-1$ 年的环境污染排放量要少 $0.004\,88 \times 10^{-6}$ 吨。由于 $-0.004\,88 \times 10^{-6}$ 小于 0,则说明第 t 年产业结构调整所带来的环境污染结构性效应大小为负值。

三、环境污染规模效应和结构性效应的大小与环境污染排放量的关系

(一)环境库兹涅茨倒 U 型曲线成立的情形

当产业结构处于第一产业为主导向第二产业为主导调整阶段,经济增长速度变化所带来的环境污染规模效应始终为正值;产业结构调整所带来的环境污

---

[1] 本书中的第二产业为主导向第三产业为主导转变时指第二产业所占比重减少、第三产业比重增加的时期。

染结构性效应为正值。因此,在该阶段环境污染排放量会一直增加。

当产业结构处于第二产业为主导向第三产业为主导调整阶段,经济增长速度所带来的环境污染规模效应始终为正值;产业结构调整所带来的环境污染结构性效应为负值。因此,在该阶段环境污染排放量具有不确定性。在该阶段,如果产业结构调整所带来的环境污染结构性效应为负值占主导时,则环境污染排放量会不断减少。在整个产业结构调整阶段(产业结构先经历第一产业为主导向第二产业为主导调整,再经历第二产业为主导向第三产业为主导调整),环境污染排放量出现先增加后减少的数量特征。因此,环境污染排放量与人均GDP[1]之间的数量关系会出现环境库兹涅茨倒U型曲线特征。

(二)环境库兹涅茨倒U型曲线不成立的情形

在产业结构处于第二产业为主导向第三产业为主导调整阶段,如果经济增长速度所带来的环境污染规模效应占主导时,在该阶段环境污染排放量会不断增加。则在整个产业结构调整阶段(产业结构先经历第一产业为主导向第二产业为主导调整,再经历第二产业为主导向第三产业为主导调整),环境污染排放量出现一直增加的数量特征。因此,环境污染排放量与人均GDP之间的数量关系会出现正相关的直线特征。

第四节 基于CGE模型的数据分析

一、产业结构调整剧烈且经济从10%的高速增长向6.5%的中高速增长转变期间人均GDP与环境污染排放量之间的数量关系

(一)产业结构调整阶段的划分

表7-1至表7-6中,以1952年为基年,1969年第三产业比重首次超过第二产业比重。因此,表7-1至表7-6中1970年至1992年为第二产业为主导向第三产业为主导转变时期;1952—1969年为第一产业为主导向第二产业为主导转变时期。

---

[1] 本书中经济增长速度始终大于零,因此,人均GDP会一直增加。

(二) 经济增长速度的界定

表 7-1 中,在整个产业结构调整阶段产业结构调整幅度剧烈。在 1952 年至 1969 年间,经济为 10% 的高速增长;在 1970 年至 1992 年间,经济为 6.5% 的中高速增长。

(三) 满足假设条件下的环境库兹涅茨倒 U 型曲线分析

表 7-1 中数据显示,1952—1969 年为第一产业为主导向第二产业为主导转变时期,产业结构调整幅度剧烈且经济为 10% 的高速增长,该时期的环境污染排放量是不断增加的,且环境污染排放量的年增量是不断增加的。

1970—1992 年为第二产业为主导向第三产业为主导转变时期,产业结构调整幅度剧烈且经济为 6.5% 的中高速增长,该时期环境污染排放量先增加后减少(1970 年至 1989 年环境污染排放量是增加的,1990—1992 年环境污染排放量是减少的),且环境污染排放量的年增量先增加后减少(在 1970—1974 年,环境污染排放量的年增量是递增的,在 1975—1992 年环境污染排放量的年增量是递减的)。1970—1992 年的环境污染排放量的年增量均小于 1953—1969 年环境污染排放量的年增量。

图 7-2 为表 7-1 中环境污染排放量与人均 GDP 之间数量关系的散点图及拟合线,图形显示两者呈倒 U 型曲线关系。由表 7-1 中 1990—1992 年的环境污染排放年增量为负值可知环境污染排放量与人均 GDP 的散点已经越过倒 U 型曲线的顶点位置,处于曲线右半部分位置。

表 7-1 产业结构调整剧烈且经济从 10% 的高速增长向 6.5% 的中高速增长时人均 GDP 与环境污染排放量之间的数量关系

年份	第一产业比重(%)	第二产业比重(%)	第三产业比重(%)	产业结构调整幅度	GDP增速	GDP(亿元)	RGDP(元)	环境污染排放量(吨)	环境污染排放量的增加量(吨)
1952	51	21	28			679	118.123 93	19 996.55	
1953	48	23	29	剧烈	10%	746.9	129.936 33	22 070.895	2 074.345
1954	45	25	30	剧烈	10%	821.59	142.929 96	24 360.144	2 289.249
1955	42	27	31	剧烈	10%	903.749	157.222 96	26 886.533	2 526.389

续 表

年份	第一产业比重(%)	第二产业比重(%)	第三产业比重(%)	产业结构调整幅度	GDP增速	GDP(亿元)	RGDP(元)	环境污染排放量(吨)	环境污染排放量的增加量(吨)
1956	39	29	32	剧烈	10%	994.123 9	172.945 25	29 674.598	2 788.065
1957	36	31	33	剧烈	10%	1 093.536 3	190.239 78	32 751.412	3 076.814
1958	33	33	34	剧烈	10%	1 202.889 9	209.263 76	36 146.842	3 395.43
1959	30	35	35	剧烈	10%	1 323.178 9	230.190 13	39 893.844	3 747.002
1960	27	37	36	剧烈	10%	1 455.496 8	253.209 14	44 028.778	4 134.934
1961	24	39	37	剧烈	10%	1 601.046 5	278.530 06	48 591.761	4 562.983
1962	21	41	38	剧烈	10%	1 761.151 1	306.383 06	53 627.052	5 035.291
1963	18	43	39	剧烈	10%	1 937.266 2	337.021 37	59 183.484	5 556.432
1964	15	45	40	剧烈	10%	2 130.992 9	370.723 51	65 314.931	6 131.447
1965	12	47	41	剧烈	10%	2 344.092 2	407.795 86	72 080.834	6 765.903
1966	9	49	42	剧烈	10%	2 578.501 4	448.575 44	79 546.767	7 465.933
1967	9	47.5	43.5	剧烈	10%	2 836.351 5	493.432 99	85 246.545	5 699.778
1968	9	46	45	剧烈	10%	3 119.986 7	542.776 29	91 290.81	6 044.265
1969	9	44.5	46.5	剧烈	10%	3 431.985 3	597.053 92	97 691.462	6 400.652
1970	9	43	48	剧烈	6.50%	3 655.064 4	635.862 42	101 135.6	3 444.138
1971	9	41.5	49.5	剧烈	6.50%	3 892.643 6	677.193 48	104 614.8	3 479.2
1972	9	40	51	剧烈	6.50%	4 145.665 4	721.211 05	108 119	3 504.2
1973	9	38.5	52.5	剧烈	6.50%	4 415.133 6	768.089 77	111 636.7	3 517.7
1974	9	37	54	剧烈	6.50%	4 702.117 3	818.015 61	115 154.9	3 518.2
1975	9	35.5	55.5	剧烈	6.50%	5 007.754 9	871.186 62	118 658.8	3 503.9
1976	9	34	57	剧烈	6.50%	5 333.259	927.813 75	122 131.6	3 472.8
1977	9	32.5	58.5	剧烈	6.50%	5 679.920 9	988.121 65	125 554.7	3 423.1
1978	9	31	60	剧烈	6.50%	6 049.115 7	1 052.349 6	128 906.7	3 352
1979	9	29.5	61.5	剧烈	6.50%	6 442.308 2	1 120.752 3	132 164	3 257.3
1980	9	28	63	剧烈	6.50%	6 861.058 3	1 193.601 2	135 300.1	3 136.1

续 表

年份	第一产业比重(%)	第二产业比重(%)	第三产业比重(%)	产业结构调整幅度	GDP增速	GDP（亿元）	RGDP（元）	环境污染排放量（吨）	环境污染排放量的增加量（吨）
1981	9	26.5	64.5	剧烈	6.50%	7 307.027 1	1 271.185 2	138 285.5	2 985.4
1982	9	25	66	剧烈	6.50%	7 781.983 8	1 353.812 3	141 087.4	2 801.9
1983	9	23.5	67.5	剧烈	6.50%	8 287.812 8	1 441.810 1	143 669.2	2 581.8
1984	9	22	69	剧烈	6.50%	8 826.520 6	1 535.527 7	145 990.7	2 321.5
1985	9	20.5	70.5	剧烈	6.50%	9 400.244 4	1 635.337	148 006.8	2 016.1
1986	9	19	72	剧烈	6.50%	10 011.26	1 741.634	149 668.3	1 661.5
1987	9	17.5	73.5	剧烈	6.50%	10 661.992	1 854.840 2	150 920.5	1 252.2
1988	9	16	75	剧烈	6.50%	11 355.022	1 975.404 8	151 703.1	782.6
1989	9	14.5	76.5	剧烈	6.50%	12 093.098	2 103.806 1	151 949.8	246.7
1990	9	13	78	剧烈	6.50%	12 879.15	2 240.553 5	151 587.6	−362.2
1991	9	11.5	79.5	剧烈	6.50%	13 716.294	2 386.189 5	150 536.3	−1 051.3
1992	9	10	81	剧烈	6.50%	14 607.853	2 541.291 8	148 707.9	−1 828.4

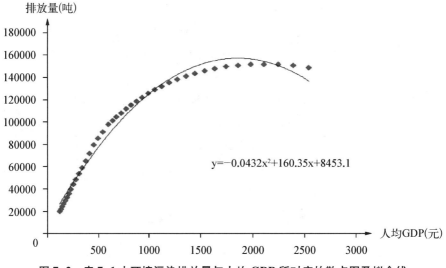

图 7-2 表 7-1 中环境污染排放量与人均 GDP 所对应的散点图及拟合线

二、产业结构调整剧烈且经济从 10%的高速增长向 7%的中高速增长转变期间人均 GDP 与环境污染排放量之间的数量关系

（一）产业结构调整幅度和经济增长速度的界定

表 7-2 中,在整个产业结构调整阶段产业结构调整幅度剧烈。1952—1969 年为第一产业为主导向第二产业为主导转变时期,经济为 10%的高速增长;1970—1992 年为第二产业为主导向第三产业为主导转变时期,经济为 7%的中高速增长。

（二）满足假设条件下的环境库兹涅茨倒 U 型曲线分析

表 7-2 中数据显示,在 1952—1969 年,该时期环境污染排放量不断增加的,且环境污染排放量的年增量是不断增加的。在 1970—1992 年,该时期环境污染排放量先增加后减少(1970 年至 1990 年环境污染排放量是增加的,1991—1992 年环境污染排放量是减少的),且环境污染排放量的年增量先增加后减少(1970—1976 年环境污染排放量的年增量是递增的,1977—1992 年的环境污染排放年增量是递减的)。1970—1992 年的环境污染排放量的年增量均小于 1953—1969 年环境污染排放量的年增量。

图 7-3 为表 7-2 中环境污染排放量与人均 GDP 之间数量关系的散点图及拟合线,图形显示两者呈倒 U 型曲线关系。由表 7-2 中 1991 年和 1992 年的环境污染排放年增量为负值可知环境污染排放量与人均 GDP 的散点刚刚越过倒 U 型曲线的顶点位置,处于曲线右半部分位置。

表 7-2 产业结构调整剧烈且经济从 10%的高速增长向 7%的中高速增长时人均 GDP 与环境污染排放量之间的数量关系

年份	第一产业比重(%)	第二产业比重(%)	第三产业比重(%)	产业结构调整幅度	GDP增速	GDP（亿元）	RGDP（元）	环境污染排放量（吨）	环境污染排放量的增加量（吨）
1952	51	21	28			679	118.123 93	19 996.55	
1953	48	23	29	剧烈	10%	746.9	129.936 33	22 070.895	2 074.345
1954	45	25	30	剧烈	10%	821.59	142.929 96	24 360.144	2 289.249

续 表

年份	第一产业比重(%)	第二产业比重(%)	第三产业比重(%)	产业结构调整幅度	GDP增速	GDP(亿元)	RGDP(元)	环境污染排放量(吨)	环境污染排放量的增加量(吨)
1955	42	27	31	剧烈	10%	903.749	157.222 96	26 886.533	2 526.389
1956	39	29	32	剧烈	10%	994.123 9	172.945 25	29 674.598	2 788.065
1957	36	31	33	剧烈	10%	1 093.536 3	190.239 78	32 751.412	3 076.814
1958	33	33	34	剧烈	10%	1 202.889 9	209.263 76	36 146.842	3 395.43
1959	30	35	35	剧烈	10%	1 323.178 9	230.190 13	39 893.844	3 747.002
1960	27	37	36	剧烈	10%	1 455.496 8	253.209 14	44 028.778	4 134.934
1961	24	39	37	剧烈	10%	1 601.046 5	278.530 06	48 591.761	4 562.983
1962	21	41	38	剧烈	10%	1 761.151 1	306.383 06	53 627.052	5 035.291
1963	18	43	39	剧烈	10%	1 937.266 2	337.021 37	59 183.484	5 556.432
1964	15	45	40	剧烈	10%	2 130.992 9	370.723 51	65 314.931	6 131.447
1965	12	47	41	剧烈	10%	2 344.092 2	407.795 86	72 080.834	6 765.903
1966	9	49	42	剧烈	10%	2 578.501 4	448.575 44	79 546.767	7 465.933
1967	9	47.5	43.5	剧烈	10%	2 836.351 5	493.432 99	85 246.545	5 699.778
1968	9	46	45	剧烈	10%	3 119.986 7	542.776 29	91 290.81	6 044.265
1969	9	44.5	46.5	剧烈	10%	3 431.985 3	597.053 92	97 691.462	6 400.652
1970	9	43	48	剧烈	7%	3 672.224 3	638.847 69	101 610.4	3 918.938
1971	9	41.5	49.5	剧烈	7%	3 929.28	683.567 03	105 599.4	3 989
1972	9	40	51	剧烈	7%	4 204.329 6	731.416 72	109 648.9	4 049.5
1973	9	38.5	52.5	剧烈	7%	4 498.632 7	782.615 89	113 747.9	4 099
1974	9	37	54	剧烈	7%	4 813.537	837.399	117 883.5	4 135.6
1975	9	35.5	55.5	剧烈	7%	5 150.484 5	896.016 93	122 040.7	4 157.2
1976	9	34	57	剧烈	7%	5 511.018 5	958.738 12	126 202.3	4 161.6
1977	9	32.5	58.5	剧烈	7%	5 896.789 8	1 025.849 8	130 348.5	4 146.2
1978	9	31	60	剧烈	7%	6 309.565	1 097.659 3	134 456.8	4 108.3
1979	9	29.5	61.5	剧烈	7%	6 751.234 6	1 174.495 4	138 501.6	4 044.8

续 表

年份	第一产业比重(%)	第二产业比重(%)	第三产业比重(%)	产业结构调整幅度	GDP增速	GDP(亿元)	RGDP(元)	环境污染排放量(吨)	环境污染排放量的增加量(吨)
1980	9	28	63	剧烈	7%	7 223.821	1 256.710 1	142 453.8	3 952.2
1981	9	26.5	64.5	剧烈	7%	7 729.488 5	1 344.679 8	146 280.6	3 826.8
1982	9	25	66	剧烈	7%	8 270.552 7	1 438.807 4	149 945.1	3 664.5
1983	9	23.5	67.5	剧烈	7%	8 849.491 4	1 539.523 9	153 405.9	3 460.8
1984	9	22	69	剧烈	7%	9 468.955 8	1 647.290 6	156 616.5	3 210.6
1985	9	20.5	70.5	剧烈	7%	10 131.783	1 762.600 9	159 524.9	2 908.4
1986	9	19	72	剧烈	7%	10 841.007	1 885.983	162 073.1	2 548.2
1987	9	17.5	73.5	剧烈	7%	11 599.878	2 018.001 8	164 196.3	2 123.2
1988	9	16	75	剧烈	7%	12 411.869	2 159.261 9	165 822.6	1 626.3
1989	9	14.5	76.5	剧烈	7%	13 280.7	2 310.410 3	166 872	1 049.4
1990	9	13	78	剧烈	7%	14 210.349	2 472.139	167 255.8	383.8
1991	9	11.5	79.5	剧烈	7%	15 205.074	2 645.188 7	166 875.7	-380.1
1992	9	10	81	剧烈	7%	16 269.429	2 830.351 9	165 622.8	-1 252.9

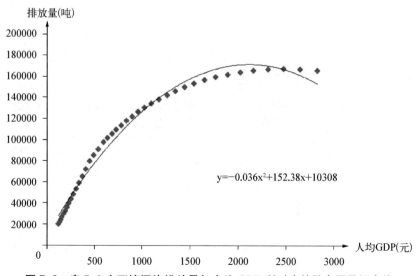

图 7-3 表 7-2 中环境污染排放量与人均GDP所对应的散点图及拟合线

$y=-0.036x^2+152.38x+10308$

三、产业结构调整剧烈且经济从10%的高速增长向7.5%的中高速增长转变期间人均GDP与环境污染排放量之间的数量关系

(一)产业结构调整幅度和经济增长速度的界定

表7-3中,在整个产业结构调整阶段产业结构调整幅度剧烈。1952—1969年为第一产业为主导向第二产业为主导转变时期,经济为10%的高速增长;1970—1992年为第二产业为主导向第三产业为主导转变时期,经济为7.5%的中高速增长。

(二)满足假设条件下的环境库兹涅茨倒U型曲线分析

表7-3中数据显示,在1952—1969年环境污染排放量不断增加的,且环境污染排放量的增量是不断增加的。

在1970—1992年环境污染排放量先增加后减少(1970—1991年环境污染排放量是增加的,1992年环境污染排放量是减少的),且环境污染排放量的年增量先增加后减少(1970—1978年环境污染排放量的年增量是递增的,1979—1992年的环境污染排放年增量是递减的)。在1970—1992年的环境污染排放量的年增量均小于在1953—1969年环境污染排放量的年增量。

图7-4为表7-3中环境污染排放量与人均GDP之间数量关系的散点图及拟合线。图形显示两者呈倒U型曲线关系。由表7-3中1992年的环境污染排放年增量为负值可知环境污染排放量与人均GDP的散点刚刚越过倒U型曲线的顶点位置,处于曲线右半部分位置。

表7-3 产业结构调整剧烈且经济从10%的高速增长向7.5%的中高速增长时人均GDP与环境污染排放量之间的数量关系

年份	第一产业比重(%)	第二产业比重(%)	第三产业比重(%)	产业结构调整幅度	GDP增速	GDP(亿元)	RGDP(元)	环境污染排放量(吨)	环境污染排放量的增加量(吨)
1952	51	21	28			679	118.123 93	19 996.55	
1953	48	23	29	剧烈	10%	746.9	129.936 33	22 070.895	2 074.345
1954	45	25	30	剧烈	10%	821.59	142.929 96	24 360.144	2 289.249

续 表

年份	第一产业比重(%)	第二产业比重(%)	第三产业比重(%)	产业结构调整幅度	GDP增速	GDP(亿元)	RGDP(元)	环境污染排放量(吨)	环境污染排放量的增加量(吨)
1955	42	27	31	剧烈	10%	903.749	157.222 96	26 886.533	2 526.389
1956	39	29	32	剧烈	10%	994.123 9	172.945 25	29 674.598	2 788.065
1957	36	31	33	剧烈	10%	1 093.536 3	190.239 78	32 751.412	3 076.814
1958	33	33	34	剧烈	10%	1 202.889 9	209.263 76	36 146.842	3 395.43
1959	30	35	35	剧烈	10%	1 323.178 9	230.190 13	39 893.844	3 747.002
1960	27	37	36	剧烈	10%	1 455.496 8	253.209 14	44 028.778	4 134.934
1961	24	39	37	剧烈	10%	1 601.046 5	278.530 06	48 591.761	4 562.983
1962	21	41	38	剧烈	10%	1 761.151 1	306.383 06	53 627.052	5 035.291
1963	18	43	39	剧烈	10%	1 937.266 2	337.021 37	59 183.484	5 556.432
1964	15	45	40	剧烈	10%	2 130.992 9	370.723 51	65 314.931	6 131.447
1965	12	47	41	剧烈	10%	2 344.092 2	407.795 86	72 080.834	6 765.903
1966	9	49	42	剧烈	10%	2 578.501 4	448.575 44	79 546.767	7 465.933
1967	9	47.5	43.5	剧烈	10%	2 836.351 5	493.432 99	85 246.545	5 699.778
1968	9	46	45	剧烈	10%	3 119.986 7	542.776 29	91 290.81	6 044.265
1969	9	44.5	46.5	剧烈	10%	3 431.985 3	597.053 92	97 691.462	6 400.652
1970	9	43	48	剧烈	7.50%	3 689.384 2	641.832 96	102 085.26	4 393.798
1971	9	41.5	49.5	剧烈	7.50%	3 966.088	689.970 43	106 588.62	4 503.36
1972	9	40	51	剧烈	7.50%	4 263.544 6	741.718 21	111 193.24	4 604.62
1973	9	38.5	52.5	剧烈	7.50%	4 583.310 5	797.347 08	115 889.01	4 695.77
1974	9	37	54	剧烈	7.50%	4 927.058 8	857.148 11	120 663.67	4 774.66
1975	9	35.5	55.5	剧烈	7.50%	5 296.588 2	921.434 22	125 502.66	4 838.99
1976	9	34	57	剧烈	7.50%	5 693.832 3	990.541 79	130 388.76	4 886.1
1977	9	32.5	58.5	剧烈	7.50%	6 120.869 7	1 064.832 4	135 301.83	4 913.07
1978	9	31	60	剧烈	7.50%	6 579.935	1 144.694 9	140 218.41	4 916.58

续 表

年份	第一产业比重(%)	第二产业比重(%)	第三产业比重(%)	产业结构调整幅度	GDP增速	GDP（亿元）	RGDP（元）	环境污染排放量（吨）	环境污染排放量的增加量（吨）
1979	9	29.5	61.5	剧烈	7.50%	7 073.430 1	1 230.547	145 111.42	4 893.01
1980	9	28	63	剧烈	7.50%	7 603.937 3	1 322.838	149 949.64	4 838.22
1981	9	26.5	64.5	剧烈	7.50%	8 174.232 6	1 422.050 8	154 697.35	4 747.71
1982	9	25	66	剧烈	7.50%	8 787.300 1	1 528.704 7	159 313.75	4 616.4
1983	9	23.5	67.5	剧烈	7.50%	9 446.347 6	1 643.357 5	163 752.44	4 438.69
1984	9	22	69	剧烈	7.50%	10 154.824	1 766.609 3	167 960.78	4 208.34
1985	9	20.5	70.5	剧烈	7.50%	10 916.435	1 899.105	171 879.28	3 918.5
1986	9	19	72	剧烈	7.50%	11 735.168	2 041.537 9	175 440.76	3 561.48
1987	9	17.5	73.5	剧烈	7.50%	12 615.306	2 194.653 2	178 569.65	3 128.89
1988	9	16	75	剧烈	7.50%	13 561.454	2 359.252 2	181 181.02	2 611.37
1989	9	14.5	76.5	剧烈	7.50%	14 578.563	2 536.196 1	183 179.64	1 998.62
1990	9	13	78	剧烈	7.50%	15 671.955	2 726.410 8	184 458.91	1 279.27
1991	9	11.5	79.5	剧烈	7.50%	16 847.351	2 930.891 7	184 899.68	440.77
1992	9	10	81	剧烈	7.50%	18 110.903	3 150.708 5	184 368.99	-530.69

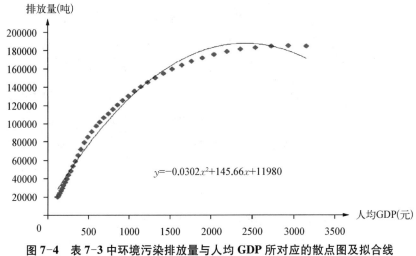

图 7-4 表 7-3 中环境污染排放量与人均 GDP 所对应的散点图及拟合线

四、产业结构调整剧烈且经济从10%的高速增长向8%的中高速增长转变期间人均GDP与环境污染排放量之间的数量关系

（一）产业结构调整幅度和经济增长速度的界定

表7-4中,在整个产业结构调整阶段产业结构调整幅度剧烈。1952年至1969年为第一产业为主导向第二产业为主导转变时期,经济为10%的高速增长;1970年至1992年为第二产业为主导向第三产业为主导转变时期,经济为8%的中高速增长。

（二）满足假设条件下的环境库兹涅茨倒U型曲线分析

表7-4中数据显示,在1952—1969年,该时期环境污染排放量不断增加的,且环境污染排放量的年增量是不断增加的。在1970—1992年,该时期环境污染排放量是增加的,但环境污染排放量的年增量先增加后减少（1970—1979年环境污染排放量的年增量是递增的,1980—1992年的环境污染排放量的年增量是递减的）。1970—1992年的环境污染排放量的年增量均小于在1953—1969年的环境污染排放量的年增量。

图7-5为表7-4中环境污染排放量与人均GDP之间数量关系的散点图及拟合线。图形显示两者呈倒U型曲线关系。由于表7-4中环境污染物排放量的年增量在1992年并没有出现负值可知,环境污染排放量与人均GDP的散点还没有越过倒U型曲线的顶点位置,还处于曲线左半部分位置。

表7-4　产业结构调整剧烈且经济从10%的高速增长向8%的中高速增长时人均GDP与环境污染排放量之间的数量关系

年份	第一产业比重(%)	第二产业比重(%)	第三产业比重(%)	产业结构调整幅度	GDP增速	GDP（亿元）	RGDP（元）	环境污染排放量（吨）	环境污染排放量的增加量（吨）
1952	51	21	28			679	118.123 93	19 996.55	
1953	48	23	29	剧烈	10%	746.9	129.936 33	22 070.895	2 074.345
1954	45	25	30	剧烈	10%	821.59	142.929 96	24 360.144	2 289.249
1955	42	27	31	剧烈	10%	903.749	157.222 96	26 886.533	2 526.389

续 表

年份	第一产业比重(%)	第二产业比重(%)	第三产业比重(%)	产业结构调整幅度	GDP增速	GDP（亿元）	RGDP（元）	环境污染排放量（吨）	环境污染排放量的增加量（吨）
1956	39	29	32	剧烈	10%	994.123 9	172.945 25	29 674.598	2 788.065
1957	36	31	33	剧烈	10%	1 093.536 3	190.239 78	32 751.412	3 076.814
1958	33	33	34	剧烈	10%	1 202.889 9	209.263 76	36 146.842	3 395.43
1959	30	35	35	剧烈	10%	1 323.178 9	230.190 13	39 893.844	3 747.002
1960	27	37	36	剧烈	10%	1 455.496 8	253.209 14	44 028.778	4 134.934
1961	24	39	37	剧烈	10%	1 601.046 5	278.530 06	48 591.761	4 562.983
1962	21	41	38	剧烈	10%	1 761.151 1	306.383 06	53 627.052	5 035.291
1963	18	43	39	剧烈	10%	1 937.266 2	337.021 37	59 183.484	5 556.432
1964	15	45	40	剧烈	10%	2 130.992 9	370.723 51	65 314.931	6 131.447
1965	12	47	41	剧烈	10%	2 344.092 2	407.795 86	72 080.834	6 765.903
1966	9	49	42	剧烈	10%	2 578.501 4	448.575 44	79 546.767	7 465.933
1967	9	47.5	43.5	剧烈	10%	2 836.351 5	493.432 99	85 246.545	5 699.778
1968	9	46	45	剧烈	10%	3 119.986 7	542.776 29	91 290.81	6 044.265
1969	9	44.5	46.5	剧烈	10%	3 431.985 3	597.053 92	97 691.462	6 400.652
1970	9	43	48	剧烈	8%	3 706.544 1	644.818 23	102 560.08	4 868.618
1971	9	41.5	49.5	剧烈	8%	4 003.067 7	696.403 69	107 582.44	5 022.36
1972	9	40	51	剧烈	8%	4 323.313 1	752.115 98	112 752.01	5 169.57
1973	9	38.5	52.5	剧烈	8%	4 669.178 1	812.285 26	118 060.17	5 308.16
1974	9	37	54	剧烈	8%	5 042.712 4	877.268 08	123 496.03	5 435.86
1975	9	35.5	55.5	剧烈	8%	5 446.129 4	947.449 53	129 046.04	5 550.01
1976	9	34	57	剧烈	8%	5 881.819 7	1 023.245 5	134 693.67	5 647.63
1977	9	32.5	58.5	剧烈	8%	6 352.365 3	1 105.105 1	140 419.04	5 725.37
1978	9	31	60	剧烈	8%	6 860.554 5	1 193.513 5	146 198.42	5 779.38
1979	9	29.5	61.5	剧烈	8%	7 409.398 9	1 288.994 6	152 003.82	5 805.4

续表

年份	第一产业比重(%)	第二产业比重(%)	第三产业比重(%)	产业结构调整幅度	GDP增速	GDP（亿元）	RGDP（元）	环境污染排放量（吨）	环境污染排放量的增加量（吨）
1980	9	28	63	剧烈	8%	8 002.150 8	1 392.114 2	157 802.41	5 798.59
1981	9	26.5	64.5	剧烈	8%	8 642.322 9	1 503.483 3	163 555.96	5 753.55
1982	9	25	66	剧烈	8%	9 333.708 7	1 623.762	169 220.14	5 664.18
1983	9	23.5	67.5	剧烈	8%	10 080.405	1 753.663	174 743.83	5 523.69
1984	9	22	69	剧烈	8%	10 886.838	1 893.956	180 068.3	5 324.47
1985	9	20.5	70.5	剧烈	8%	11 757.785	2 045.472 5	185 126.32	5 058.02
1986	9	19	72	剧烈	8%	12 698.408	2 209.110 3	189 841.19	4 714.87
1987	9	17.5	73.5	剧烈	8%	13 714.28	2 385.839 1	194 125.64	4 284.45
1988	9	16	75	剧烈	8%	14 811.423	2 576.706 2	197 880.61	3 754.97
1989	9	14.5	76.5	剧烈	8%	15 996.337	2 782.842 7	200 993.97	3 113.36
1990	9	13	78	剧烈	8%	17 276.043	3 005.470 1	203 339.03	2 345.06
1991	9	11.5	79.5	剧烈	8%	18 658.127	3 245.907 7	204 772.94	1 433.91
1992	9	10	81	剧烈	8%	20 150.777	3 505.580 4	205 134.91	361.97

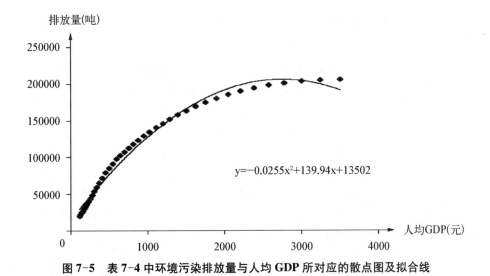

图 7-5 表 7-4 中环境污染排放量与人均 GDP 所对应的散点图及拟合线

五、产业结构调整剧烈且经济从 10% 的高速增长向 8.5% 的中高速增长转变期间人均 GDP 与环境污染排放量之间的数量关系

(一) 产业结构调整幅度和经济增长速度的界定

表 7-5 中,在整个产业结构调整阶段产业结构调整幅度剧烈。1952—1969 年为第一产业为主导向第二产业为主导转变时期,经济为 10% 的高速增长;1970—1992 年为第二产业为主导向第三产业为主导转变时期,经济为 8.5% 的中高速增长。

(二) 满足假设条件下的环境库兹涅茨倒 U 型曲线分析

表 7-5 中数据显示,在 1952—1969 年,该时期环境污染排放量不断增加的,且环境污染排放量的年增量是不断增加的。在 1970—1992 年,该时期环境污染排放量是增加的,但环境污染排放量的年增量先增加后减少(1970 年至 1981 年环境污染排放量的年增量是递增的,1982—1992 年的环境污染排放量的年增量是递减的)。1970—1992 年的环境污染排放量的年增量均小于在 1953—1969 年的环境污染排放量的年增量。

图 7-6 为表 7-5 中环境污染排放量与人均 GDP 之间数量关系的散点图及拟合线,图形显示两者呈倒 U 型曲线关系。由于表 7-5 中环境污染物排放量的年增量在 1992 年并没有出现负值可知,环境污染排放量与人均 GDP 的散点还没有越过倒 U 型曲线的顶点位置,还处于曲线左半部分位置。

表 7-5　产业结构调整剧烈且经济从 10% 的高速增长向 8.5% 的中高速增长时人均 GDP 与环境污染排放量之间的数量关系

年份	第一产业比重(%)	第二产业比重(%)	第三产业比重(%)	产业结构调整幅度	GDP增速	GDP(亿元)	RGDP(元)	环境污染排放量(吨)	环境污染排放量的增加量(吨)
1952	51	21	28			679	118.123 93	19 996.55	
1953	48	23	29	剧烈	10%	746.9	129.936 33	22 070.895	2 074.345
1954	45	25	30	剧烈	10%	821.59	142.929 96	24 360.144	2 289.249
1955	42	27	31	剧烈	10%	903.749	157.222 96	26 886.533	2 526.389

续　表

年份	第一产业比重(%)	第二产业比重(%)	第三产业比重(%)	产业结构调整幅度	GDP增速	GDP（亿元）	RGDP（元）	环境污染排放量（吨）	环境污染排放量的增加量（吨）
1956	39	29	32	剧烈	10%	994.123 9	172.945 25	29 674.598	2 788.065
1957	36	31	33	剧烈	10%	1 093.536 3	190.239 78	32 751.412	3 076.814
1958	33	33	34	剧烈	10%	1 202.889 9	209.263 76	36 146.842	3 395.43
1959	30	35	35	剧烈	10%	1 323.178 9	230.190 13	39 893.844	3 747.002
1960	27	37	36	剧烈	10%	1 455.496 8	253.209 14	44 028.778	4 134.934
1961	24	39	37	剧烈	10%	1 601.046 5	278.530 06	48 591.761	4 562.983
1962	21	41	38	剧烈	10%	1 761.151 1	306.383 06	53 627.052	5 035.291
1963	18	43	39	剧烈	10%	1 937.266 2	337.021 37	59 183.484	5 556.432
1964	15	45	40	剧烈	10%	2 130.992 9	370.723 51	65 314.931	6 131.447
1965	12	47	41	剧烈	10%	2 344.092 2	407.795 86	72 080.834	6 765.903
1966	9	49	42	剧烈	10%	2 578.501 4	448.575 44	79 546.767	7 465.933
1967	9	47.5	43.5	剧烈	10%	2 836.351 5	493.432 99	85 246.545	5 699.778
1968	9	46	45	剧烈	10%	3 119.986 7	542.776 29	91 290.81	6 044.265
1969	9	44.5	46.5	剧烈	10%	3 431.985 3	597.053 92	97 691.462	6 400.652
1970	9	43	48	剧烈	8.50%	3 723.704 1	647.803 5	103 034.89	5 343.428
1971	9	41.5	49.5	剧烈	8.50%	4 040.218 9	702.866 8	108 580.88	5 545.99
1972	9	40	51	剧烈	8.50%	4 383.637 5	762.610 47	114 325.27	5 744.39
1973	9	38.5	52.5	剧烈	8.50%	4 756.246 7	827.432 37	120 261.7	5 936.43
1974	9	37	54	剧烈	8.50%	5 160.527 7	897.764 12	126 381.32	6 119.62
1975	9	35.5	55.5	剧烈	8.50%	5 599.172 5	974.074 07	132 672.39	6 291.07
1976	9	34	57	剧烈	8.50%	6 075.102 2	1 056.870 4	139 119.84	6 447.45
1977	9	32.5	58.5	剧烈	8.50%	6 591.485 9	1 146.704 3	145 704.8	6 584.96
1978	9	31	60	剧烈	8.50%	7 151.762 2	1 244.174 2	152 404.05	6 699.25
1979	9	29.5	61.5	剧烈	8.50%	7 759.662	1 349.929	159 189.47	6 785.42

续 表

年份	第一产业比重(%)	第二产业比重(%)	第三产业比重(%)	产业结构调整幅度	GDP增速	GDP(亿元)	RGDP(元)	环境污染排放量(吨)	环境污染排放量的增加量(吨)
1980	9	28	63	剧烈	8.50%	8 419.233 3	1 464.673	166 027.28	6 837.81
1981	9	26.5	64.5	剧烈	8.50%	9 134.868 1	1 589.170 2	172 877.38	6 850.1
1982	9	25	66	剧烈	8.50%	9 911.331 9	1 724.249 7	179 692.45	6 815.07
1983	9	23.5	67.5	剧烈	8.50%	10 753.795	1 870.810 9	186 417.04	6 724.59
1984	9	22	69	剧烈	8.50%	11 667.868	2 029.829 8	192 986.53	6 569.49
1985	9	20.5	70.5	剧烈	8.50%	12 659.636	2 202.365 3	199 325.98	6 339.45
1986	9	19	72	剧烈	8.50%	13 735.706	2 389.566 4	205 348.8	6 022.82
1987	9	17.5	73.5	剧烈	8.50%	14 903.24	2 592.679 5	210 955.37	5 606.57
1988	9	16	75	剧烈	8.50%	16 170.016	2 813.057 3	216 031.41	5 076.04
1989	9	14.5	76.5	剧烈	8.50%	17 544.467	3 052.167 2	220 446.23	4 414.82
1990	9	13	78	剧烈	8.50%	19 035.747	3 311.601 4	224 050.74	3 604.51
1991	9	11.5	79.5	剧烈	8.50%	20 653.785	3 593.087 5	226 675.3	2 624.56
1992	9	10	81	剧烈	8.50%	22 409.357	3 898.499 9	228 127.26	1 451.96

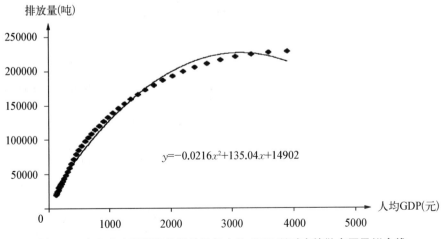

图 7-6　表 7-5 中环境污染排放量与人均 GDP 所对应的散点图及拟合线

$y=-0.0216x^2+135.04x+14902$

六、产业结构调整剧烈且经济从 10% 的高速增长向 8.5% 的中高速增长转变期间人均 GDP 与环境污染排放量之间的数量关系

（一）产业结构调整幅度和经济增长速度的界定

表 7-6 中，在整个产业结构调整阶段产业结构调整幅度剧烈。1952 年至 1969 年为第一产业为主导向第二产业为主导转变时期，经济为 10% 的高速增长；1970 年至 1992 年为第二产业为主导向第三产业为主导转变时期，经济为 9% 的中高速增长。

（二）满足假设条件下的环境库兹涅茨倒 U 型曲线分析

表 7-6 中数据显示，在 1952—1969 年，该时期环境污染排放量不断增加的，且环境污染排放量的年增量是不断增加的。在 1970—1992 年，该时期环境污染排放量是增加的，但环境污染排放量的年增量先增加后减少（1970—1982 年环境污染排放量的年增量是递增的，1983—1992 年的环境污染排放量的年增量是递减的）。1970—1992 年的环境污染排放量的年增量均小于在 1953—1969 年的环境污染排放量的年增量。

图 7-7 为表 7-6 中环境污染排放量与人均 GDP 之间数量关系的散点图及拟合线。图形显示两者呈倒 U 型曲线关系。由于表 7-6 中环境污染物排放量的年增量在 1992 年并没有出现负值可知，环境污染排放量与人均 GDP 的散点还没有越过倒 U 型曲线的顶点位置，还处于曲线左半部分位置。

表 7-6　产业结构调整剧烈且经济从 10% 的高速增长向 9% 的中高速增长时人均 GDP 与环境污染排放量之间的数量关系

年份	第一产业比重（%）	第二产业比重（%）	第三产业比重（%）	产业结构调整幅度	GDP 增速	GDP（亿元）	RGDP（元）	环境污染排放量（吨）	环境污染排放量的增加量（吨）
1952	51	21	28			679	118.123 93	19 996.55	
1953	48	23	29	剧烈	10%	746.9	129.936 33	22 070.895	2 074.345
1954	45	25	30	剧烈	10%	821.59	142.929 96	24 360.144	2 289.249
1955	42	27	31	剧烈	10%	903.749	157.222 96	26 886.533	2 526.389

续 表

年份	第一产业比重（%）	第二产业比重（%）	第三产业比重（%）	产业结构调整幅度	GDP增速	GDP（亿元）	RGDP（元）	环境污染排放量（吨）	环境污染排放量的增加量（吨）
1956	39	29	32	剧烈	10%	994.123 9	172.945 25	29 674.598	2 788.065
1957	36	31	33	剧烈	10%	1 093.536 3	190.239 78	32 751.412	3 076.814
1958	33	33	34	剧烈	10%	1 202.889 9	209.263 76	36 146.842	3 395.43
1959	30	35	35	剧烈	10%	1 323.178 9	230.190 13	39 893.844	3 747.002
1960	27	37	36	剧烈	10%	1 455.496 8	253.209 14	44 028.778	4 134.934
1961	24	39	37	剧烈	10%	1 601.046 5	278.530 06	48 591.761	4 562.983
1962	21	41	38	剧烈	10%	1 761.151 1	306.383 06	53 627.052	5 035.291
1963	18	43	39	剧烈	10%	1 937.266 2	337.021 37	59 183.484	5 556.432
1964	15	45	40	剧烈	10%	2 130.992 9	370.723 51	65 314.931	6 131.447
1965	12	47	41	剧烈	10%	2 344.092 2	407.795 86	72 080.834	6 765.903
1966	9	49	42	剧烈	10%	2 578.501 4	448.575 44	79 546.767	7 465.933
1967	9	47.5	43.5	剧烈	10%	2 836.351 5	493.432 99	85 246.545	5 699.778
1968	9	46	45	剧烈	10%	3 119.986 7	542.776 29	91 290.81	6 044.265
1969	9	44.5	46.5	剧烈	10%	3 431.985 3	597.053 92	97 691.462	6 400.652
1970	9	43	48	剧烈	9.00%	3 740.864	650.788 77	103 509.71	5 818.248
1971	9	41.5	49.5	剧烈	9.00%	4 077.541 8	709.359 76	109 583.93	6 074.22
1972	9	40	51	剧烈	9.00%	4 444.520 5	773.202 14	115 913.1	6 329.17
1973	9	38.5	52.5	剧烈	9.00%	4 844.527 4	842.790 33	122 493.87	6 580.77
1974	9	37	54	剧烈	9.00%	5 280.534 8	918.641 46	129 320.3	6 826.43
1975	9	35.5	55.5	剧烈	9.00%	5 755.783	1 001.319 2	136 383.28	7 062.98
1976	9	34	57	剧烈	9.00%	6 273.803 4	1 091.437 9	143 670.1	7 286.82
1977	9	32.5	58.5	剧烈	9.00%	6 838.445 7	1 189.667 3	151 163.84	7 493.74
1978	9	31	60	剧烈	9.00%	7 453.905 9	1 296.737 4	158 842.73	7 678.89
1979	9	29.5	61.5	剧烈	9.00%	8 124.757 4	1 413.443 8	166 679.4	7 836.67

续 表

年份	第一产业比重(%)	第二产业比重(%)	第三产业比重(%)	产业结构调整幅度	GDP增速	GDP(亿元)	RGDP(元)	环境污染排放量(吨)	环境污染排放量的增加量(吨)
1980	9	28	63	剧烈	9.00%	8 855.985 6	1 540.653 7	174 640.04	7 960.64
1981	9	26.5	64.5	剧烈	9.00%	9 653.024 3	1 679.312 5	182 683.48	8 043.44
1982	9	25	66	剧烈	9.00%	10 521.796	1 830.450 7	190 760.17	8 076.69
1983	9	23.5	67.5	剧烈	9.00%	11 468.758	1 995.191 2	198 810.92	8 050.75
1984	9	22	69	剧烈	9.00%	12 500.946	2 174.758 4	206 765.65	7 954.73
1985	9	20.5	70.5	剧烈	9.00%	13 626.032	2 370.486 7	214 541.87	7 776.22
1986	9	19	72	剧烈	9.00%	14 852.374	2 583.830 5	222 043	7 501.13
1987	9	17.5	73.5	剧烈	9.00%	16 189.088	2 816.375 2	229 156.54	7 113.54
1988	9	16	75	剧烈	9.00%	17 646.106	3 069.849	235 751.98	6 595.44
1989	9	14.5	76.5	剧烈	9.00%	19 234.256	3 346.135 4	241 678.42	5 926.44
1990	9	13	78	剧烈	9.00%	20 965.338	3 647.287 6	246 762.03	5 083.61
1991	9	11.5	79.5	剧烈	9.00%	22 852.219	3 975.543 5	250 803.1	4 041.07
1992	9	10	81	剧烈	9.00%	24 908.919	4 333.342 4	253 572.79	2 769.69

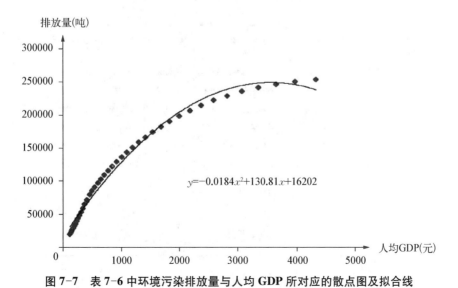

$y=-0.0184x^2+130.81x+16202$

图 7-7　表 7-6 中环境污染排放量与人均 GDP 所对应的散点图及拟合线

综合表 7-1 至表 7-6 的数据分析及图 7-1 至图 7-6 的散点图和拟合线可知，在整个产业结构调整阶段，当产业结构调整幅度剧烈且经济从高速增长向中高速增长转变过程中，随着人均 GDP 的增加，环境污染排放量会增加，但环境污染排放量在经济处于高速增长阶段先以递增的幅度增加，在经济处于中高速增长阶段后以递减的幅度增加。总体上，环境污染排放量与人均 GDP 之间呈倒 U 型曲线关系。

第五节 基于 CGE 模型的预测分析

一、我国经济新常态特征下的人均 GDP 与环境污染排放量之间的数量关系预测

（一）我国产业结构调整及经济增长速度状况分析

表 7-7 为 2008—2015 年我国三大产业构成及产业结构调整状况数据。表 7-7 数据显示，在 2011 年我国第二产业所占比重达到最大值，然后开始减少，而第三产业比重从 2008—2015 年一直在增加，这说明我国在 2011 年进入第二产业为主导向第三产业为主导转变时期。在 2013 年，第三产业所占比重首次超过第二产业。因此，我国在 2013 年进入经济新常态阶段。

表 7-7 中国三大产业构成及产业结构调整状况数据

	2015 年	2014 年	2013 年	2012 年	2011 年	2010 年	2009 年	2008 年
第一产业所占比重	8.8%	9.1%	9.3%	9.4%	9.4%	9.5%	9.8%	10.3%
第二产业所占比重	40.9%	43.1%	44.0%	45.3%	46.4%	46.4%	45.9%	46.9%
第三产业所占比重	50.2%	47.8%	46.7%	45.3%	44.2%	44.1%	44.3%	42.8%
第三产业所占比重的年增长率	5%	2.4%	3.1%	2.5%	0.2%	-0.4%	3.5%	
产业结构调整幅度	剧烈	剧烈	剧烈	剧烈	温和	温和	剧烈	

注：数据来源于历年《中国统计年鉴》。本表中 2008 年为起始年份，因此应从 2009 年开始计算第三产业所占比重的年增长率及产业结构调整幅度。

表 7-7 中,第三产业所占比重的年增长率在 2008—2015 年的主要年份都大于 1.5%,这说明该期间的大多数年份我国产业结构调整幅度是剧烈的,只有在 2011 年和 2010 年产业结构调整幅度是温和的。

表 7-8 为 2008—2015 年我国经济增长速度数据。表 7-8 数据显示,2011—2015 年经济处于高速增长,而在 2011 年之后经济处于中高速增长。因此,2011 年是我国经济从高速增长向中高速增长转变的临界年份。

表 7-8　中国经济增长速度数据

	2015 年	2014 年	2013 年	2012 年	2011 年	2010 年	2009 年	2008 年
中国经济增长速度	6.5%	7.4%	7.7%	7.8%	9.2%	10.3%	8.7%	9.0%

数据来源:《国民经济和社会发展统计公报》。

(二) 基于 CGE 模型的预测分析

我国经济正处于产业结构调整幅度剧烈且经济从高速增长向中高速增长转变过程中,基于第四节中 CGE 模型得出的结论可以做出预测:随着人均 GDP 的不断增加,我国环境污染排放量会先增加后减少,环境污染排放量与人均 GDP 之间存在倒 U 型曲线关系。我国经济新常态特征下的环境库兹涅茨倒 U 型曲线关系成立。

二、倒 U 型曲线的拐点分析

本章以废水作为典型的环境污染物。表 7-9 是 2008—2015 年我国人均 GDP 和废水排放量的相关数据。图 7-8 是对应的散点图及拟合线,图 7-8 中的拟合线为倒 U 型曲线。表 7-9 中 2015 年废水排放量比 2014 年废水排放量要多,这

表 7-9　2008 年至 2015 年我国人均 GDP 和废水排放量数据

	2015 年	2014 年	2013 年	2012 年	2011 年	2010 年	2009 年	2008 年
废水量(万吨)	7 353 226.83	7 161 750.53	6 954 432.70	6 847 612.14	6 591 922.44	6 172 562.00	5 890 877.25	5 716 801.00
人均 GDP(元)	50 251	47 203	43 852	40 007	36 403	30 876	26 222	24 121

说明 2015 年的废水排放量与人均 GDP 的散点还没有越过倒 U 型曲线的顶点位置（废水排放量还没有达到最大值），目前处于倒 U 型曲线左半部分曲线位置。

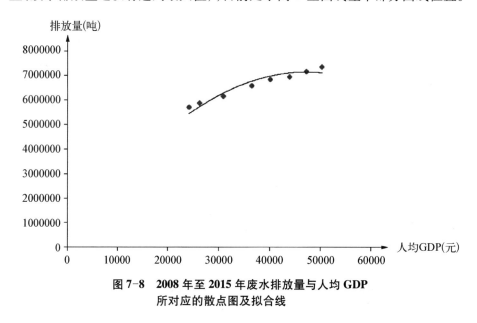

图 7-8　2008 年至 2015 年废水排放量与人均 GDP
所对应的散点图及拟合线

第六节　本 章 小 结

本章通过构建 CGE 模型对环境污染排放量与人均 GDP 之间的数量关系进行了实证检验。研究表明：在整个产业结构调整阶段，当产业结构调整幅度剧烈且经济从高速增长向中高速增长转变过程中，环境污染排放量与人均 GDP 之间呈倒 U 型曲线关系。因此，我国经济新常态特征阶段的环境库兹涅茨倒 U 型曲线关系成立。

本章采用 2008—2015 年的相关数据进行了实证检验。检验结果表明：我国废水排放量与人均 GDP 之间存在倒 U 型曲线关系，但还处于倒 U 型曲线左半部分曲线位置。

第八章
碳排放符合环境库兹涅茨倒 U 型曲线特征吗?

第一节 引 言

碳排放是关于温室气体排放的一个简称,温室气体中最主要的气体是二氧化碳。二氧化碳的大量排放是推动全球变暖的重要因素,目前碳排放问题受到广泛关注。2005 年《京都议定书》的生效为全球减少碳排放奠定了法律基础,减少碳排放已成为世界各国的共同心愿。对碳排放数量特征进行理论与实证研究,是现阶段学术界研究的一个热点问题。

追求经济增长是各国宏观经济政策的一个重要目标,也是世界各国实现经济发展的重要手段。从经济增长角度对碳排放数量特征进行研究已成为国内外学者研究的一个重要逻辑出发点。随着经济的增长,碳排放会出现怎样的数量特征,这是关于碳排放研究的一个核心问题。随着经济的增长,碳排放数量会出现环境库兹涅茨倒 U 型曲线特征吗?随着人均 GDP 的增加,为什么碳排放数量会出现先增加后减少的特征?这些问题是本章研究的重要内容。图 8-1 是 2004 年至 2011 年世界经济增长与碳排放的之间数量关系的散点图,其中横轴为人均 GDP,单位为美元,纵轴为二氧化碳排放量,单位为吨。

自从环境库兹涅茨倒 U 型曲线关系提出以来,国内外学者对经济增长与环境污染之间关系进行了大量的实证研究,但相关研究主要采用二氧化硫、工业废水、固体废弃物来说明经济增长与环境污染之间是否存在倒 U 型曲线关系。现阶段,随着人们对全球气候问题的关注,对碳排放与经济增长之间是否存在倒 U 型曲线关系就成为学术界的一个新的研究热点问题。

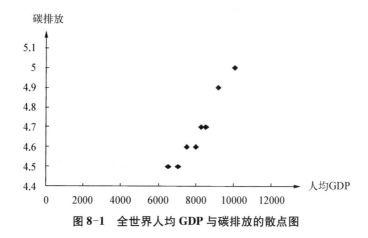

图 8-1 全世界人均 GDP 与碳排放的散点图

国内外学者对该问题的研究结论并未达成一致。主要有两种结论,一种结论是两者之间存在倒 U 型曲线关系,另一种结论是两者之间并不存在倒 U 型曲线关系。

碳排放与经济增长之间存在倒 U 型曲线关系的文献回顾如下。Ang(2007)以法国 1997—2005 年的时间序列数据研究表明,碳排放与人均收入之间存在倒 U 型曲线关系。Apergis 和 Payne(2009)以中美洲 6 国 1971—2004 年的面板数据进行研究,结果显示碳排放与人均收入之间存在倒 U 型曲线关系。Jalil 和 Mahmud(2009)以中国 1997—2005 年的时间序列数据进行研究,结果显示碳排放与人均收入之间存在倒 U 型曲线关系。许海平(2012)采用空间面板数据模型以我国 2000—2008 年的数据进行研究,结果表明碳排放与人均收入之间存在倒 U 型曲线关系。郑丽琳、朱启贵(2012)基于 1995—2009 年中国省际面板数据,运用面板协整和误差修正模型进行实证检验,结果表明,碳排放与经济增长之间存在长期稳定的倒 U 型曲线关系,拐点为 29 847.29 元。

碳排放与经济增长之间不存在倒 U 型曲线关系的文献回顾如下。Wagner(2008)以 100 个国家为样本采用 1950—2000 年的数据进行研究,结果表明碳排放与人均收入之间并不存在倒 U 型曲线关系,而是存在单调递增的线性关系。Martine 和 Bengochea(2004)以经合组织(OECD)为样本采用面板数据进行实证分析,研究表明碳排放与人均收入之间可能存在倒 U 型曲线关系,也可能存在 N 型曲线关系。Stern(2007)研究指出:由于各国主动减排意愿不足等原因可能导致一些国家的碳排放与经济增长之间并不符合倒 U 型曲线关系。

上述文献为本书的研究奠定了一定的基础,但也存在继续深入研究的地方。

上述文献虽然对碳排放与经济增长的关系进行了倒 U 型曲线检验,但却忽略了不同经济类型国家对检验结果的影响。对于碳排放与经济增长的倒 U 型曲线关系在发展中国家与发达国家是否均成立,相关文献并没有进行实证研究。本章分别以发展中国家的样本和发达国家的样本进行研究,以测度碳排放与经济增长之间的倒 U 型曲线关系在发展中国家和发达国家的存在性。因此,本章的研究是对现有文献的一个拓展和补充,也是本章的创新所在。

第二节 计量模型研究设计

一、样本选择

本章选取部分发展中国家和部分发达国家为样本进行分析,样本总数为 37 个。发展中国家分别为:中国、孟加拉国、柬埔寨、印度、印度尼西亚、伊朗、哈萨克斯坦、马来西亚、蒙古、巴基斯坦、菲律宾、斯里兰卡、泰国、越南、埃及、尼日利亚、南非、墨西哥、巴西、俄罗斯、乌克兰。发达国家分别为:日本、韩国、新加坡、加拿大、美国、捷克、法国、德国、意大利、荷兰、波兰、西班牙、土耳其、英国、澳大利亚、新西兰。

二、数据来源

本章采用所选样本的 1996—2011 年的相关数据进行计量模型分析。相关数据来源于历年《国际统计年鉴》。其中,少量样本相关数据缺失,文章进行了插值处理。

三、变量定义

文章对计量模型相关变量进行了定义,表 8-1 是各变量的定义描述。

表 8-1 变 量 定 义

变量名称	变 量 定 义	变量的经济学含义
CO_2	表示人均二氧化碳排放量。单位为吨。	度量人均碳排放状况。由于二氧化碳排放是碳排放的主要来源,则地区人均二氧化碳排放量越大,该地区人均碳排放状况越严重。
Third	表示第三产业在整个产业中所占比重。单位为%。	度量产业结构状况。一般而言,地区第三产业所占比重越大,该地区产业结构越优化。

续 表

变量名称	变量定义	变量的经济学含义
Urban	表示城市人口所占比重。单位为%。	度量城市化进程。一般而言,地区城市人口所占比重越大,该地区城市化进程越高。
Energy	表示万美元国内生产总值能耗。单位为:吨标准油/万美元	度量单位产出的能源消耗状况。一般而言,地区万美元国内生产总值能耗越大,该地区单位产出的能源消费越大。
Forest	表示森林覆盖率。单位为%。	度量生态资源禀赋状况。一般而言,地区森林覆盖率越大,该地区生态资源禀赋越丰裕。
Technology	表示高技术出口占制成品出口的比重。单位:%。	度量技术水平状况。一般而言,地区高技术出口所占比重越高,该地区技术水平越先进。
GDP	表示人均GDP。单位为:国际元。	度量经济的富裕程度。一般而言,地区人均GDP越大,该地区经济越富裕。
Population	表示65岁人口所占比重。单位为%。	度量老龄化程度。一般而言,地区65岁人口所占比重越大,该地区老龄化程度越明显。

注:本书中的碳排放指人均碳排放。

四、各变量的统计性描述

各变量的数据统计性描述如表8-2所示。

表8-2 各变量的统计性描述

变量	观察值	平均值	标准差	最小值	最大值
CO_2	222	7.043 468	5.066 891	0.2	20.2
Third	222	57.427 93	12.820 94	19.4	79.2
Urban	222	62.844 14	21.404 04	15.1	100
Energy	222	5.640 36	5.190 431	0.79	28.3
Forest	222	27.529 5	19.596 88	0.085	68.6
Technology	222	14.845 72	14.442 3	0.08	68.86
GDP	222	19 388.88	23 199.87	1 166	285 544
Population	222	9.779 324	5.304 702	2.9	23.39

五、散点图及拟合线分析

本章对所选样本的人均二氧化碳排放量与人均国内生产总值的数据关系进行了散点图及拟合线分析。图 8-2 是所对应的散点图及拟合线,图中横坐标是人均 GDP,纵坐标为人均二氧化碳排放数量。图 8-2 中的拟合线说明人均二氧化碳排放量与人均国内生产总值之间存在明显的倒 U 型曲线特征,也就是随着人均国内生产总值的增加,二氧化碳排放量出现先增加后减少的数量特征。

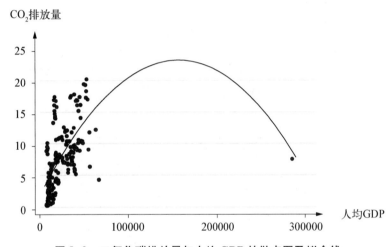

图 8-2　二氧化碳排放量与人均 GDP 的散点图及拟合线

六、回归结果分析

（一）全样本回归结果分析

1. 不考虑控制变量的全样本回归结果分析

表 8-3 是只考虑人均国内生产总值对人均二氧化碳排放量影响的全样本回归结果报告。表 8-3 中 GDP×GDP 的回归系数为负数,且通过 1% 的显著性水平检验,这充分说明人均二氧化碳排放量与人均国内生产总值之间存在明显的倒 U 型曲线特征,也就是随着人国内生产总值的增加,人均二氧化碳排放量会出现先增加后减少的数量特征。

表 8-3 回归结果报告

被解释变量：CO_2	回归系数	标准差
GDP	0.000 265***	0.000 265
GDP×GDP	(−8.69e−10)***	8.83e−11
常数项	2.697 111***	0.426 096 8

注：表 8-3 中 GDP×GDP 表示人均国内生产总值的平方项变量。*** 表示 1%的显著性水平，** 表示 5%的显著性水平，* 表示 10%的显著性水平。

2. 考虑控制变量的全样本回归结果分析

由于影响人均二氧化碳排放量的因素并不唯一，本章考虑了人均国内生产总值以外的因素对人均二氧化碳排放量的影响。表 8-4 是考虑产业结构、城市化进程、技术水平、人口老龄化程度、国内生产总值能耗、生态资源禀赋等控制变量时的人均二氧化碳排放量与人均国内生产总值的全样本回归结果报告，回归结果如表 8-4 所示。

表 8-4 回归结果报告

被解释变量：CO_2	回归系数
GDP	0.000 382 7***
GDP×GDP	(−1.25e−09)***
Third	−0.193 679
Urban	0.022 529 7
Energy	0.379 121 9***
Forest	−0.009 176 2
Population	−0.127 345 2*
Technology	−0.031 401 7*
常数项	0.286 518 7

注：*** 表示 1%的显著性水平，** 表示 5%的显著性水平，* 表示 10%的显著性水平。

表 8-4 中，GDP×GDP 的回归系数为负值，且通过 1%的显著性水平检验，这说明在考虑其他影响因素时人均二氧化碳排放量与人均国内生产总值之间的倒

U 型曲线仍然成立。

表 8-4 中,Third 的回归系数为负值,但没有通过 10% 的显著性水平检验;Urban 的回归系数为正数,但没有通过 10% 的显著性水平检验;这说明第三产业所占比重的提高对人均二氧化碳排放量没有显著的抑制作用。Forest 的回归系数为负值,但没有通过 10% 的显著性水平检验,这说明生态资源禀赋对人均二氧化碳排放量没有显著的抑制作用。

表 8-4 中 Energy 的回归系数为正数,且通过 1% 的显著性水平检验,这表明单位国内生产总值的能耗越大,人均二氧化碳排放量越大。这说明单位国内生产总值的能耗对人均二氧化碳排放量具有促进作用。

表 8-4 中,Population 的回归系数为负值,且通过 10% 的显著性水平检验,这表明 65 岁人口所占比重越大,人均二氧化碳排放量就越小。这说明人口老龄化对人均二氧化碳排放量具有抑制作用。

表 8-4 中,Technology 的回归系数为负值,且通过 10% 的显著性水平检验,这表明高技术出口占制造业出口比重越大,人均二氧化碳排放量越小。这说明技术进步对人均二氧化碳排放量具有抑制作用。

(二)分样本回归结果分析

由于发展中国家与发达国家所处的经济发展阶段不同,人均二氧化碳排放量与人均 GDP 的数量关系可能会有所不同。本章分别对发展中国家及发达国家的样本进行回归分析。回归结果如表 8-5 所示。

表 8-5 分样本回归结果

被解释变量:CO_2	发展中国家样本所对应的回归系数	发达国家样本所对应的回归系数
GDP	0.000 024 1	0.036 732 7
GDP×GDP	−0.000 308 1*	−0.001 303 6*
Third	−0.033 890 2	−0.112 911 7
Third×Third	−0.002 146 9	−0.003 489 5
Urban	−0.033 031 1*	−0.064 861 1
Energy	0.004 866 7	0.031 938 5

续　表

被解释变量：CO_2	发展中国家样本所对应的回归系数	发达国家样本所对应的回归系数
Forest	−0.122 804 7*	−0.651 381 3*
Population	0.000 080 7	−6.84e−06
Technology	−0.010 785 4	−0.003 114 5
常数项	2 010.682***	2 012.755***

注：表 8-5 中 Third×Third 表示第三产业所占比重的平方项变量。*** 表示 1% 的显著性水平，** 表示 5% 的显著性水平，* 表示 10% 的显著性水平。

表 8-5 中，GDP×GDP 的回归系数不论在发展中国家还是在发达国家的样本回归中均为负值，且通过 10% 的显著性水平检验。这说明人均二氧化碳排放量与人均国内生产总值之间的倒 U 型曲线在发展中国家和发达国家中均成立。

（三）稳健性分析

1. GDP 滞后一期的回归结果分析

为避免回归分析所产生的内生性问题，即人均二氧化碳排放量与人均国内生产总值之间的相互影响问题，有必要进行稳健性检验。本章采用 GDP 滞后一期的变量进行稳健性检验，回归结果如表 8-6 所示。

表 8-6　稳健性检验

被解释变量：CO_2	回　归　系　数
GDP_1	0.000 263 1***
(GDP×GDP)_1	(−8.63e−10)***
Third	−0.143 607 1
Third×Third	0.001 547 2
Urban	0.047 877 4**
Energy	0.315 858 2***
Forest	−0.011 05
Population	−0.091 488 5

续 表

被解释变量：CO_2	回 归 系 数
Technology	−0.013 841 7*
常数项	0.286 518 7

注：表 8-6 中 Third×Third 表示第三产业所占比重的平方项变量。*** 表示 1%的显著性水平，** 表示 5%的显著性水平，* 表示 10%的显著性水平。

表 8-6 中，GDP_1 表示 GDP 滞后一期的变量，(GDP×GDP)_1 表示 GDP 平方项的滞后一期变量。GDP×GDP_1 的回归系数为负值，且通过 1%的显著性水平检验。这证实了人均二氧化碳排放量与人均国内生产总值之间的倒 U 型曲线成立的可靠性。

2. 考虑人均国内生产总值与第三产业所占比重交互项影响的回归结果分析

表 8-4 和表 8-5 中，GDP 的回归系数为正值，Third 的回归系数为负值。在 GDP 和 Third 共同影响下，究竟哪个因素的影响占主导，即人均二氧化碳排放量究竟是增加还是减少并不明确。因此，有必要进行人均国内生产总值与第三产业所占比重交互项的回归系数分析，表 8-7 是相应的回归结果。

表 8-7 考虑交互项影响的回归结果

被解释变量：CO_2	回 归 系 数
GDP	0.002 108 8***
GDP×GDP	(−1.22e−09)***
Third	−1.224 152***
Third×Third	0.014 648***
GDP_Third	−0.000 025 9***
Urban	−0.066 107***
Energy	0.488 589 6***
Forest	−0.027 826 4**
Population	−0.222 058 6***
Technology	−0.005 005
常数项	24.134 37***

注：*** 表示 1%的显著性水平，** 表示 5%的显著性水平，* 表示 10%的显著性水平。

表 8-7 中,GDP_Third 表示人均国内生产总值与第三产业所占比重交互项变量。表 8-7 中,GDP 的回归系数为正值,且通过 1% 的显著性水平检验,这说明 GDP 的增加对人均二氧化碳排放量具有促进作用;Third 的回归系数为负值,且通过 1% 的显著性水平检验,这说明第三产业结构所占比重的增加对人均二氧化碳排放量具有抑制作用;GDP_Third 的回归系数为负值,且通过 1% 的显著性水平检验,这说明在 GDP 和 Third 的共同作用下,第三产业结构所占比重的增加对二氧化碳排放量产生的抑制作用占主导地位。表 7 中,GDP×GDP 的回归系数为负值,且通过 1% 的显著性水平检验,这说明在考虑人均国内生产总值与第三产业所占比重交互项影响时,人均二氧化碳排放量与人均国内生产总值之间的倒 U 型曲线仍然成立。

（四）计量模型回归结果总结

不考虑控制变量的全样本回归结果和考虑控制变量的全样本回归结果均显示,人均二氧化碳排放量与人均国内生产总值之间存在倒 U 型曲线关系,本章的稳健性检验证实了这种关系的可靠性,这说明碳排放量符合环境库兹涅茨倒 U 型曲线关系。

分样本回归结果显示,人均二氧化碳排放量与人均国内生产总值之间存在倒 U 型曲线关系,且在发展中国家和发达国家均成立,这说明发展中国家和发达国家的碳排放量均符合环境库兹涅茨倒 U 型曲线关系。

第三节 碳排放符合环境库兹涅茨倒 U 型曲线关系的经济学解释

一、碳排放的来源分析

二氧化碳排放是碳排放的主要来源,而二氧化碳排放主要来源于非清洁能源的消耗。一般而言,一国非清洁能源消耗量越大,该国二氧化碳排放量就越大,该国的碳排放量越大。

二、经济增长、单位产出所对应的能耗与碳排放量的关系

（一）经济增长导致人均 GDP 增加

随着一国经济增长,该国的经济规模会不断增加。一般而言,一国人口规模

的增长速度小于经济规模的增长速度,从而导致该国人均GDP不断增加。

(二) 经济增长必然伴随着产业结构的变化

一般而言,在一国经济处于增长阶段时,该国的产业结构会发生变化,该国产业结构会从第一产业为主导向第二产业为主导转变,然后再向第三产业为主导转变。

(三) 产业结构的变化必然导致单位产出能耗的变化

一般而言,第二产业单位产出对非清洁能源的消耗最大,第一产业单位产出对非清洁能源的消耗相对较小,第三产业单位产出对非清洁能源的消耗最小。

在该国产业结构从第一产业为主导向第二产业为主导转变的过程中,对非清洁能源的消耗会不断增加,从而导致单位产出所对应的能耗不断增加。因此,在该阶段单位产出的碳排放量不断增加;在该国产业结构从第二产业为主导向第三产业为主导转变过程中,对非清洁能源的消耗会不断减少,从而导致单位产出所对应的能耗不断减少。因此,在该阶段单位产出的碳排放量不断减少。

综合上述分析可知,在一国经济处于增长过程中,随着人均GDP的不断增加,碳排放量会出现先增加后减少的数量特征,即该国碳排放符合环境库兹涅茨倒U型曲线特征。

第四节 本章小结

本章以37个国家为样本采用1996年至2011年的面板数据对碳排放与经济增长之间的数量关系进行实证研究。研究表明,随着人均GDP的增加,碳排放数量会出现先增加然后减少的特征,也就是碳排放符合环境库兹涅茨倒U型曲线特征。以上结论说明了依靠经济增长来降低碳排放量的可能性,经济增长是降低碳排放的一个手段。

本章的交互项回归结果表明在人均GDP和第三产业所占比重的共同作用下,第三产业所占比重的增加对二氧化碳排放量的抑制作用占主导地位,人均GDP的增加对碳排放量的促进作用占次要地位。交互项回归结果充分解释了碳排放符合环境库兹涅茨倒U型曲线特征的原因。因此,提高第三产业所占比重,不仅有利于产业结构的优化和碳排放数量的减少,而且有利于碳排放环境库兹涅茨倒 U 型曲线拐点的实现。

本章的分样本回归结果表明随着人均 GDP 的增加,碳排放数量会出现先增加然后减少的特征,这不仅在发展中国家成立,而且在发达国家中也成立。因此,碳排放符合环境库兹涅茨倒 U 型曲线特征,是发展中国家和发达国家的共同特征,并不存在差异性。随着人均 GDP 的增加,发展中国家的碳排放并不会一直增加,最终还是会减少。随着人均 GDP 的增加,发达国家的碳排放也不会一直增加,最终也还是会减少。减少碳排放是发展中国家和发达国家的共同责任。

本章实证研究还发现除经济增长之外的因素也会对碳排放数量产生显著影响。第三产业所占比重提高,会显著减少碳排放数量;单位国内生产总值的能耗增加,会显著增加碳排放数量;人口老龄化程度提高,会显著减少碳排放数量;技术进步会显著减少碳排放数量。相关政策建议如下:经济增长并不是影响碳排放的唯一因素,应充分运用各种有利因素来降低碳排放,调整产业结构、降低单位国内生产总值能耗、提高科技进步水平均有助于降低碳排放数量。

第三部分
PART Ⅲ

环境库兹涅茨双倒 U 型曲线的证实

本部分包括第九章和第十章。第九章为环境库兹涅茨双倒 U 型曲线假说的提出及论证，第十章为环境库兹涅茨双倒 U 型曲线在美国和 OECD 国家的证实。

第九章从经济增长速度的环境污染规模效应和产业结构调整的环境污染结构效应角度提出了环境库兹涅茨双倒 U 型曲线假说，并采用校准数据论证了环境库兹涅茨双倒 U 型曲线的存在性；同时以废水作为典型的环境污染物，采用中国的相关时间序列数据进行了计量模型分析，证实了环境库兹涅茨双倒 U 型曲线的存在性。

第十章以二氧化碳排放作为典型的环境污染物，采用美国和 OECD 的相关时间序列数据，进行了计量模型分析，也证实了环境库兹涅茨双倒 U 型曲线的存在性。

环境库兹涅茨双倒 U 型曲线假说的提出及论证是本书的重大理论创新，极大丰富了环境库兹涅茨倒 U 型曲线理论的研究内容，是对该理论的有力拓展，推动了环境库兹涅茨曲线研究由单倒 U 型曲线向双倒 U 型曲线的转变。本书的研究是对环境库兹涅茨曲线形状多样性的一个极大丰富。

第九章 环境库兹涅茨双倒 U 型曲线假说的提出及论证

第一节 引　　言

Grossman 和 Krueger(1991)首次提出了环境库兹涅茨倒 U 型曲线——随着一国人均 GDP 的增加,该国环境污染排放量会出现先增加后减少的数量特征,该国人均 GDP 与环境污染排放量之间呈倒 U 型曲线关系。在以后的研究中,国内外学者研究发现:一国人均 GDP 与该国环境污染排放量之间并不是只存在倒 U 型曲线关系,还存在波浪型曲线、正 U 型曲线、单调上升曲线。Selden and Song(1994)、Cole et al.(1997)、Hilton and Levinson(1998)、Brajer et al.(2011)、Heand Wang(2012)研究表明:经济增长与环境污染之间存在倒 U 型曲线关系。沈满洪、许云华(2000)研究发现我国浙江省人均 GDP 与工业三废之间呈波浪型曲线关系。王敏和黄滢(2015)采用我国 112 座城市的 2003—2010 年的数据研究发现:所有的大气污染浓度指标与人均 GDP 之间都呈现出 U 型曲线关系。Holtz-Eakin 和 Selden(1995)以 1951—1986 年 130 个国家的样本数据对 EKC 曲线进行检验,研究表明:随着人均 GDP 的增加,CO_2 排放量会一直增加;环境污染物 CO_2 排放量与人均 GDP 之间呈单调上升曲线关系。

本章在总结已有文献的基础上,首次提出了环境库兹涅茨双倒 U 型曲线假说——在一国整个产业结构调整阶段,在满足一定的前提条件下随着该国人均 GDP 的增加,环境污染排放量会依次出现增加、减少、增加、减少的数量特征。环境库兹涅茨双倒 U 型曲线假说的提出,是对环境库兹涅茨倒 U 型曲线理论的一个拓展,是一个重大理论创新。已有研究停留在实证检验层面,只是采用相关数据验证该国人均 GDP 与环境污染排放存在的各种曲线关系。本章从产业结构调整的环境污染结构性效应和经济增长速度的环境污染规模效应对环境库兹涅茨双倒 U 型曲线假说进行论证,是研究视角上的一个创新。

第二节 环境库兹涅茨双倒 U 型曲线存在的机理分析

一、环境污染规模效应和结构性效应的存在性

一国的经济增长速度会影响一国的经济规模,而一国经济规模的改变会导致环境污染排放量的变化,这就是经济增长速度所带来的环境污染规模效应;一国产业结构调整会影响该国三大产业的比重,而三大产业比重的改变必然会导致环境污染排放量的改变,这就是产业结构调整所带来的环境污染结构性效应。

由于一国在追求经济增长速度的过程中,必然伴随着产业结构的调整。因此,经济增长速度所带来的环境污染规模效应和产业结构调整所带来的环境污染结构性效应会同时存在。

二、环境污染规模效应和结构性效应的大小

在产业结构不变的前提下,只要经济增长速度大于 0,经济规模就会增加,从而导致三大产业产值的增加。在三大产业的单位 GDP 所对应的环境污染排放量(三大产业的环境污染排放强度)不变的条件下,三大产业产值的增加必然会导致环境污染排放总量的增加。因此,在整个产业结构调整阶段经济增长速度所带来的环境污染规模效应始终为正值。

当经济不增长时,也就是经济增长速度为 0 时,一国的经济规模不变。当产业结构处于第一产业为主导向第二产业为主导转变时,第一产业所占比重会减少的同时,第二产业和第三产业所占比重会增加,由于第二产业的环境污染排放强度最大,第一产业所占比重减少所导致的环境污染排放量减少量会小于第二产业和第三产业所占比重增加所导致的环境污染排放量增加量。因此,在满足经济增长速度为 0(经济规模不变)的前提条件下,当产业结构处于第一产业为主导向第二产业为主导转变过程中,产业结构调整会导致环境污染排放总量的增加,产业结构调整所带来的环境污染结构性效应为正值。

当产业结构处于第二产业为主导向第三产业为主导转变时,第二产业和第一产业所占比重减少的同时,第三产业所占比重会增加。由于第二产业的环境污染排放强度最大,第三产业的环境污染排放强度最小,因此,第二产业和第一产业所占比重减少所导致的环境污染排放量的减少量会大于第三产业所占比重增加所导致的环境污染排放量的增加量。因此,在满足经济增长速度为0(经济规模不变)的前提条件下,当产业结构处于第二产业为主导向第三产业为主导转变过程中,产业结构调整会导致环境污染排放总量的减少,产业结构调整所带来的环境污染结构性效应为负值(见表9-1)。

表9-1 经济增长速度的环境污染规模效应和产业结构调整的环境污染结构性效应的数值大小

环境污染效应类型	第一产业为主导向第二产业为主导转变期间环境污染效应数值大小	第二产业为主导向第三产业为主导转变期间环境污染效应数值大小	整个产业结构调整阶段环境污染效应数值大小
经济增长速度所带来的环境污染规模效应	为正值(经济增长速度导致环境污染排放量增加)	为正值(经济增长速度导致环境污染排放量增加)	始终为正值
产业结构调整所带来的环境污染结构性效应	为正值(产业结构调整导致环境污染排放量会增加)	为负值(产业结构调整导致环境污染排放量会减少)	不确定(先为正值后为负值)

注:本书中的第二产业为主导向第三产业为主导转变时期是指第二产业所占比重减少、第三产业比重增加的时期。

三、环境污染结构性效应和规模效应主导地位的识别

通过比较经济增长速度所带来的环境污染规模效应与产业结构调整所带来的环境污染结构性效应的相对大小,可以判断何种效应占主导。

相对于经济增长速度所带来的环境污染规模效应而言,产业结构调整所带来的环境污染结构性效应要更大时,则环境污染结构性效应占主导;反之,则是经济增长速度所带来的环境污染规模效应占主导。

四、产业结构调整幅度和经济增长速度对环境污染效应主导地位的影响

在产业结构调整过程中,三大产业的比重会同时发生改变,但只有第三产业

的比重会一直增加。因此,文章以第三产业所占比重的增长率来表示产业结构调整幅度的大小。一般而言,第三产业所占比重的年增长速度大于1.5%,则说明当年的产业结构调整幅度剧烈;第三产业所占比重的年增长速度小于1.5%,则说明当年的产业结构调整幅度温和。

一般而言,当经济增长速度大于9%,则经济处于高速增长区间;当经济增长速度处于6.5%~9%的之间时,则经济处于中高速增长区间;当经济增长速度处于4%~6.5%之间时,则经济处于中低速增长区间;当经济增速处于0~4%区间段时,则经济处于低速增长区间。

本书第六章第三节已经对经济增长速度、产业结构调整幅度与环境污染效应主导地位的关系进行了论证。根据研究结论可知:当产业结构调整幅度剧烈且经济处于低速增长时,产业结构调整所带来的环境污染结构效应占主导;当产业结构调整幅度剧烈且经济处于中低速增长时往往是,经济增长速度所带来的环境污染规模效应占主导,有时也会出现产业结构调整所带来的环境污染结构效应占主导。本章约定:当产业结构调整幅度剧烈且经济处于中低速增长时,环境污染的规模效应占主导;当产业结构调整幅度剧烈且经济处于高速增长时,经济增长速度所带来的环境污染规模效应会占主导;当产业结构调整幅度剧烈且经济增长经历低速向高速增长转变时,先是产业结构调整所带来的与环境污染结构效应占主导,然后是经济增长速度所带来的环境污染规模效应占主导。

表9-2为产业结构调整幅度剧烈时不同经济增速所对应的环境污染效应的主导地位的识别。

表9-2 产业结构调整幅度剧烈时不同经济增长速度所对应的环境污染效应主导地位的识别

	经济为低速增长	经济为中低速增长	经济为中高速增长	经济为高速增长
产业结构调整幅度剧烈	环境污染的结构性效应占主导	环境污染的规模效应占主导	环境污染的规模效应占主导	环境污染的规模效应占主导

一般而言,当产业结构调整幅度温和时,经济增长速度(不论经济是低速、中高速还是高速增长)所带来的环境污染规模效应会占主导。表9-3为产业结构调整幅度温和时不同经济增长速度所对应的环境污染效应的主导地位的识别。

表 9-3 产业结构调整幅度温和时不同经济增长速度所对应的环境污染效应主导地位的识别

	经济为低速增长	经济为中低速增长	经济为中高速增长	经济为高速增长
产业结构调整幅度温和	环境污染的规模效应占主导	环境污染的规模效应占主导	环境污染的规模效应占主导	环境污染的规模效应占主导

五、环境污染效应主导地位与环境污染排放量之间的数量关系

由于环境污染的结构性效应在产业结构由第一产业为主导向第二产业为主导转变过程为正值,而在产业结构由第二产业为主导向第三产业为主导转变过程为负值,因此,如果环境污染的结构性效应占主导,则在产业结构由第一产业为主导向第二产业为主导转变过程环境污染排放量会增加,在产业结构由第二产业为主导向第三产业为主导转变过程环境污染排放量会减少。

由于环境的规模性效应在整个产业结构调整过程中均为正值,因此,如果环境污染的规模效应占主导,则在产业结构由第一产业为主导向第二产业为主导转变过程环境污染排放量会增加,在产业结构由第二产业为主导向第三产业为主导转变过程环境污染排放量也会增加。表 9-4 为在整个产业结构调整期间,环境污染效应主导地位对环境污染排放量的影响。

表 9-4 产业结构调整期间环境污染效应主导地位对环境污染排放量的影响

环境污染效应主导地位的类型	第一产业为主导向第二产业为主导转变期间环境污染排放量的变化	第二产业为主导向第三产业为主导转变期间环境污染效应排放量的变化	整个产业结构调整阶段环境污染排放量的变化
经济增长速度所带来的环境污染规模效应占主导	增加	增加	始终增加
产业结构调整所带来的环境污染结构性效应占主导	增加	减少	先增加后减少

六、环境库兹涅茨双倒 U 型曲线形成的可能性分析

由于假定人口规模始终不变,因此,不论经济是低速增长、中低速增长、中高速增长还是高速增长,人均 GDP 始终增加。

在整个产业结构调整期间,随着人均 GDP 的增加,如果环境污染排放量出现先增加、后减少、然后增加、最后减少的数量特征,则人均 GDP 与环境污染排放量之间就会出现双倒 U 型曲线的数量关系,即环境库兹涅茨双倒 U 型曲线关系成立。

七、环境库兹涅茨双倒 U 型曲线形成的类型

在第一产业为主导向第二产业为主导转变期间,环境污染结构效应占主导;在第二产业为主导向第三产业为主导转变期间,先经历环境污染结构效应占主导,然后经历环境污染规模效应占主导,最后经历环境污染结构效应占主导。则在整个产业结构调整期间,环境污染排放量会出现先增加、然后减少、再增加、最后减少的数量特征,在整个产业结构调整阶段该国人均 GDP 与该国环境污染排放量之间呈双倒 U 型曲线关系。

第三节 数值模拟分析

一、环境库兹涅茨双倒 U 型曲线与产业结构调整幅度和经济增长速度的关系

情形 1:在第一产业为主导向第二产业为主导转变期间,产业结构调整幅度剧烈且经济处于低速增长时,环境污染结构效应占主导;在第二产业为主导向第三产业为主导转变期间,产业结构调整幅度剧烈且经济先低速增长、然后高速或中高增加、最后低速增长,则先经历环境污染结构效应占主导,然后经历环境污染规模效应占主导,最后经历环境污染结构效应占主导。在整个产业结构调整阶段,依次经历环境污染规模效应占主导、环境污染结构效应占主导、环境污染规模效应占主导、环境污染结构效应占主导,该国人均 GDP 与该国环境污染排放量之间呈双倒 U 型曲线关系。

表 9-5　环境库兹涅茨双倒 U 型曲线第一种类型

变量名称	第一产业为主导向第二产业为主导转变期间	第二产业为主导向第三产业为主导转变期间	整个产业结构调整阶段
产业结构调整幅度	产业结构调整幅度剧烈	产业结构调整幅度剧烈	始终剧烈
经济增长速度	经济处于低速长	经济先低速,然后高速或中高速增加,最后低速增长	经济先低速增长,然后高速或中高速增加,最后低速增长
主导地位的识别	产业结构调整所带来的环境污染结构性效应占主导	先是产业结构调整所带来的环境污染结构性效应占主导,然后是经济增长速度所带来的环境污染规模效应占主导,最后是产业结构调整所带来的环境污染结构性效应占主导	先是环境污染结构性效应占主导,然后是环境污染规模效应占主导,最后是环境污染结构性效应占主导
环境污染排放量	不断增加	先减少,然后增加,最后减少	先增加,后减少,然后增加,最后减少
人均 GDP	不断增加	不断增加	始终增加
人均 GDP 与环境污染排放量的数量关系	随着人均 GDP 的增加,环境污染排放量不断增加	随着人均 GDP 的增加,环境污染排放量先是不断减少,然后不断增加,最后不断减少	随着人均 GDP 的增加,环境污染排放量先是不断增加,然后不断减少,接着不断增加,最后不断减少。环境库兹涅茨双倒 U 型曲线关系成立

注:本章是在整个产业结构调整阶段分析人均 GDP 与环境污染排放量之间的数量关系。

文章以二氧化硫作为典型的环境污染物进行分析。根据 2015 年我国二氧化硫排放量和三大产业 GDP 的数据,可计算出 2015 年第一产业环境污染物排放强度为 0.34×10^{-6} 元/吨,第二产业环境污染物排放强度为 0.55×10^{-6} 元/吨,第三产业环境污染物排放强度为 0.02×10^{-6} 元/吨。文章假设三大产业的环境污染物排放强度在所有年份始终不变。

文章以 1952 年作为数值模拟分析的初始年份(基年)。1952 年 GDP 为 679 亿元,人口为 57 482 万人,人均 GDP 为 118 元/人。文章假定人口规模在分析的所有年份都不变。

表 9-6 为一个数值模拟分析。表 9-7 中,从 1952—1966 年第一产业比重不

断下降而第二产业比重不断增加,到 1966 年第二产业比重达到最大。从 1966—1992 年第二产业比重不断下降而第三产业比重不断增加,到 1992 年第三产业比重达到最大值。因此,表 9-6 中 1952—1966 年为第一产业为主导向第二产业为主导转变期间,1966—1992 年为第二产业为主导向第三产业为主导转变期间。

表 9-6　产业结构调整剧烈且经济分别经历低速、高速、低速增长时环境库兹涅茨双倒 U 型曲线的形成

年份	第一产业比重(%)	第二产业比重(%)	第三产业比重(%)	第三产业比重的年增长率(%)	产业结构调整幅度	GDP(亿元)	GDP的增速	人均GDP(元)	环境污染排放总量(吨)
1952	51	21	28			679		118.123 9	19 996.55
1953	48	23	29	3.571 429	剧烈	685.79	1%	119.305 2	20 265.09
1954	45	25	30	3.448 276	剧烈	692.647 9	1%	120.498 2	20 537.01
1955	42	27	31	3.333 333	剧烈	699.574 4	1%	121.703 2	20 812.34
1956	39	29	32	3.225 806	剧烈	706.570 1	1%	122.920 2	21 091.12
1957	36	31	33	3.125	剧烈	713.635 8	1%	124.149 4	21 373.39
1958	33	33	34	3.030 303	剧烈	720.772 2	1%	125.390 9	21 659.2
1959	30	35	35	2.941 176	剧烈	727.979 9	1%	126.644 8	21 948.59
1960	27	37	36	2.857 143	剧烈	735.259 7	1%	127.911 3	22 241.61
1961	24	39	37	2.777 778	剧烈	742.612 3	1%	129.190 4	22 538.28
1962	21	41	38	2.702 703	剧烈	750.038 4	1%	130.482 3	22 838.67
1963	18	43	39	2.631 579	剧烈	757.538 8	1%	131.787 1	23 142.81
1964	15	45	40	2.564 103	剧烈	765.114 2	1%	133.105	23 450.75
1965	12	47	41	2.5	剧烈	772.765 3	1%	134.436 1	23 762.53
1966	9	49	42	2.439 024	剧烈	780.493	1%	135.780 4	24 078.21
1967	9	47.5	43.5	3.571 429	剧烈	788.297 9	1%	137.138 2	23 692.29
1968	9	46	45	3.448 276	剧烈	796.180 9	1%	138.509 6	23 296.25
1969	9	44.5	46.5	3.333 333	剧烈	804.142 7	1%	139.894 7	22 889.92

续 表

年份	第一产业比重(%)	第二产业比重(%)	第三产业比重(%)	第三产业比重的年增长率(%)	产业结构调整幅度	GDP（亿元）	GDP的增速	人均GDP（元）	环境污染排放总量（吨）
1970	9	43	48	3.225 806	剧烈	812.184 1	1%	141.293 6	22 473.14
1971	9	41.5	49.5	3.125	剧烈	820.306	1%	142.706 6	22 045.72
1972	9	40	51	3.030 303	剧烈	828.509	1%	144.133 6	21 607.52
1973	9	38.5	52.5	2.941 176	剧烈	836.794 1	1%	145.575	21 158.34
1974	9	37	54	2.857 143	剧烈	845.162 1	1%	147.030 7	20 698.02
1975	9	35.5	55.5	2.777 778	剧烈	853.613 7	1%	148.501	20 226.38
1976	9	34	57	2.702 703	剧烈	862.149 8	1%	149.986 1	19 743.23
1977	9	32.5	58.5	2.631 579	剧烈	870.771 3	1%	151.485 9	19 248.4
1978	9	31	60	2.564 103	剧烈	957.848 4	10%	166.634 5	20 411.749 4
1979	9	29.5	61.5	2.5	剧烈	1 053.633	10%	183.297 9	21 615.281
1980	9	28	63	2.439 024	剧烈	1 158.997	10%	201.627 7	22 855.420 84
1981	9	26.5	64.5	2.380 952	剧烈	1 274.896	10%	221.790 5	24 127.406 8
1982	9	25	66	2.325 581	剧烈	1 402.386	10%	243.969 6	25 425.258 18
1983	9	23.5	67.5	2.272 727	剧烈	1 542.624	10%	268.366 5	26 741.387 04
1984	9	22	69	2.222 222	剧烈	1 696.887	10%	295.203 2	28 066.510 98
1985	9	20.5	70.5	2.173 913	剧烈	1 866.576	10%	324.723 6	29 389.24
1986	9	19	72	2.127 66	剧烈	1 885.242	1%	327.970 8	28 184.36
1987	9	17.5	73.5	2.083 333	剧烈	1 904.094	1%	331.250 5	26 952.45
1988	9	16	75	2.040 816	剧烈	1 923.135	1%	334.563	25 693.09
1989	9	14.5	76.5	2	剧烈	1 942.366	1%	337.908 6	24 405.83
1990	9	13	78	1.960 784	剧烈	1 961.79	1%	341.287 7	23 090.27
1991	9	11.5	79.5	1.923 077	剧烈	1 981.408	1%	344.700 6	21 745.95
1992	9	10	81	1.886 792	剧烈	2 001.222	1%	348.147 6	20 372.44

表9-6中,产业结构调整幅度整个产业结构调整期间(在所有年份)都剧烈,经济在第一产业为主导向第二产业为主导转变期间为1%的低速增长,经济在第二产业为主导向第三产业为主导转变期间分别经历1%的低速增长、10%的高速增长、1%的低速增长。表9-6中数据显示,环境污染物排放量在第一产业为主导向第二产业为主导转变期间一直增加,从1952年的1 996.55吨增加到1966年的24 078.21吨。环境污染物排放量在第二产业为主导向第三产业为主导转变期间出现先减少、然后增加、最后减少的数量特征,从1966年的24 078.21吨减少到1977年的19 248.4吨,然后增加到1985年的29 389.24吨,最后减少到1992年的20 372.44吨。表9-6中,在整个产业结构调整期间,人均GDP一直增加,环境污染排放量依次出现先增加、后减少、然后增加、最后减少的数量特征,从而形成了环境库兹涅茨双倒U型曲线。

图9-1为表9-6中人均GDP与环境污染排放量所对应的散点图及拟合线。横坐标为人均GDP,单位为元/人;纵坐标为环境污染排放量,单位为吨。图9-1中的散点及拟合线显示出两个倒U型曲线,即双倒U型曲线。

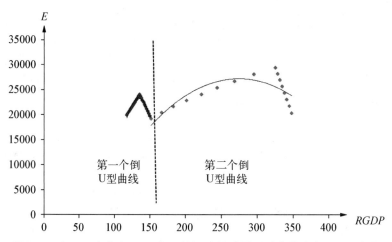

图9-1 表9-6中人均GDP与环境污染排放量所对应的散点图及拟合线

情形2:在第一产业为主导向第二产业为主导转变期间,产业结构调整幅度剧烈且经济处于中低速增长时,环境污染结构效应占主导;在第二产业为主导向第三产业为主导转变期间,产业结构调整幅度剧烈且经济先低速增长、然后中低增长、最后低速增长,则先经历环境污染结构效应占主导,然后经历环境污染规模效应占主导,最后经历环境污染结构效应占主导。在整个产业结构调整阶段,依次经历环境污染规模效应占主导、环境污染结构效应占主导、环境污染规模效应占主导、环境污染结构效应占主导,该国人均 GDP 与该国环境污染排放量之间呈双倒 U 型曲线关系,如表 9-7 所示。

表 9-7 环境库兹涅茨双倒 U 型曲线第二种类型

变量名称	第一产业为主导向第二产业为主导转变期间	第二产业为主导向第三产业为主导转变期间	整个产业结构调整阶段
产业结构调整幅度	产业结构调整幅度剧烈	产业结构调整幅度剧烈	始终剧烈
经济增长速度	经济处于中低速增长	经济先低速增长,然后中低速增加,最后低速增长	经济先中低速增长,然后低速增长,接着中低速增加,最后低速增长
主导地位的识别	产业结构调整所带来的环境污染结构性效应占主导	先是产业结构调整所带来的环境污染结构性效应占主导,然后是经济增长速度所带来的环境污染规模效应占主导,最后是产业结构调整所带来的环境污染结构性效应占主导	先是环境污染结构性效应占主导,然后是环境污染规模效应占主导,最后是环境污染结构性效应占主导
环境污染排放量	不断增加	先减少,然后增加,最后减少	先增加,后减少,然后增加,最后减少
人均 GDP	不断增加	不断增加	始终增加
人均 GDP 与环境污染排放量的数量关系	随着人均 GDP 的增加,环境污染排放量不断增加	随着人均 GDP 的增加,环境污染排放量先是不断减少,然后不断增加,最后不断减少	随着人均 GDP 的增加,环境污染排放量先是不断增加,然后不断减少,接着不断增加,最后不断减少。环境库兹涅茨双倒 U 型曲线关系成立

表 9-8 为一个数值模拟分析。表 9-8 中,产业结构调整幅度在整个产业结构调整期间(在所有年份)都剧烈,经济在第一产业为主导向第二产业为主导转变期间为 5% 的中低速增长,在第二产业为主导向第三产业为主导转变期间分别经历 5% 的中低速增长、1% 的低速增长、5% 的中低速增长、1% 的低速增长。

表 9-8　产业结构调整剧烈且经济分别经历 5%的中低速、1%的低速、5%的中低速、1%的低速增长时环境库兹涅茨双倒 U 型曲线的形成

年份	第一产业比重(%)	第二产业比重(%)	第三产业比重(%)	第三产业比重的年增长率(%)	产业结构调整幅度	GDP(亿元)	GDP增速	RGDP(元)	环境污染排放总量(吨)
1952	51	21	28			679		118.123 93	19 996.55
1953	48	23	29	3.571 429	剧烈	712.95	5%	124.030 13	21 067.673
1954	45	25	30	3.448 276	剧烈	748.597 5	5%	130.231 64	22 195.916
1955	42	27	31	3.333 333	剧烈	786.027 38	5%	136.743 22	23 384.314
1956	39	29	32	3.225 806	剧烈	825.328 74	5%	143.580 38	24 636.063
1957	36	31	33	3.125	剧烈	866.595 18	5%	150.759 4	25 954.526
1958	33	33	34	3.030 303	剧烈	909.924 94	5%	158.297 37	27 343.244
1959	30	35	35	2.941 176	剧烈	955.421 19	5%	166.212 24	28 805.949
1960	27	37	36	2.857 143	剧烈	1 003.192 2	5%	174.522 85	30 346.565
1961	24	39	37	2.777 778	剧烈	1 053.351 9	5%	183.248 99	31 969.229
1962	21	41	38	2.702 703	剧烈	1 106.019 5	5%	192.411 44	33 678.292
1963	18	43	39	2.631 579	剧烈	1 161.320 4	5%	202.032 01	35 478.339
1964	15	45	40	2.564 103	剧烈	1 219.386 4	5%	212.133 61	37 374.195
1965	12	47	41	2.5	剧烈	1 280.355 8	5%	222.740 3	39 370.94
1966	9	49	42	2.439 024	剧烈	1 344.373 6	5%	233.877 31	41 473.924
1967	9	47.5	43.5	3.571 429	剧烈	1 411.592 2	5%	245.571 18	42 425.405
1968	9	46	45	3.448 276	剧烈	1 482.171 8	5%	257.849 73	43 368.348
1969	9	44.5	46.5	3.333 333	剧烈	1 556.28	5%	270.742 15	44 299.51
1970	9	43	48	3.225 806	剧烈	1 571.842 8	1%	273.449 57	43 492.89
1971	9	41.5	49.5	3.125	剧烈	1 587.561 2	1%	276.184 06	42 665.71
1972	9	40	51	3.030 303	剧烈	1 603.436 8	1%	278.945 9	41 817.63
1973	9	38.5	52.5	2.941 176	剧烈	1 619.471 2	1%	281.735 36	40 948.33
1974	9	37	54	2.857 143	剧烈	1 635.665 9	1%	284.552 72	40 057.46

续　表

年份	第一产业比重(%)	第二产业比重(%)	第三产业比重(%)	第三产业比重的年增长率(%)	产业结构调整幅度	GDP(亿元)	GDP增速	RGDP(元)	环境污染排放总量(吨)
1975	9	35.5	55.5	2.777 778	剧烈	1 652.022 6	1%	287.398 24	39 144.68
1976	9	34	57	2.702 703	剧烈	1 668.542 8	1%	290.272 23	38 209.63
1977	9	32.5	58.5	2.631 579	剧烈	1 685.228 2	1%	293.174 95	37 251.97
1978	9	31	60	2.564 103	剧烈	1 702.080 5	1%	296.106 7	36 271.34
1979	9	29.5	61.5	2.5	剧烈	1 787.184 5	5%	310.912 03	36 664.09
1980	9	28	63	2.439 024	剧烈	1 876.543 8	5%	326.457 63	37 005.44
1981	9	26.5	64.5	2.380 952	剧烈	1 970.371	5%	343.102 83	37 289.27
1982	9	25	66	2.325 581	剧烈	2 068.889 5	5%	360.257 98	37 508.97
1983	9	23.5	67.5	2.272 727	剧烈	2 172.334	5%	378.270 87	37 657.41
1984	9	22	69	2.222 222	剧烈	2 280.950 7	5%	397.184 42	37 726.92
1985	9	20.5	70.5	2.173 913	剧烈	2 394.998 2	5%	417.043 64	37 709.25
1986	9	19	72	2.127 66	剧烈	2 418.948 2	1%	421.214 08	36 163.28
1987	9	17.5	73.5	2.083 333	剧烈	2 443.137 7	1%	425.426 22	34 582.61
1988	9	16	75	2.040 816	剧烈	2 467.569	1%	429.276 83	32 966.72
1989	9	14.5	76.5	2	剧烈	2 492.244 7	1%	433.569 59	31 315.06
1990	9	13	78	1.960 784	剧烈	2 517.167	1%	437.905 29	29 627.06
1991	9	11.5	79.5	1.923 077	剧烈	2 542.338 9	1%	442.284 34	27 902.17
1992	9	10	81	1.886 792	剧烈	2 567.762	1%	446.707 19	26 139.82

注：本表中1952年为基年，从1952—1966年第一产业比重不断下降而第二产业比重不断增加，到1966年第二产业比重达到最大。从1966—1992年第二产业比重不断下降而第三产业比重不断增加，到1992年第三产业比重达到最大值。因此，本表中1952—1966年为第一产业为主导向第二产业为主导转变期间，1966—1992年为第二产业为主导向第三产业为主导转变期间。

表9-8中数据显示，环境污染物排放量在第一产业为主导向第二产业为主导转变期间一直增加，从1952年的1 996.55吨增加到1966年的41 473.924吨。环境污染物排放量在第二产业为主导向第三产业为主导转变期间出现先增加、然后减少、接着增加、最后减少的数量特征，从1966年的41 473.924吨增加到

1969年的44 299.51吨,然后减少到1978年的36 271.34吨,接着增加到1985年的37 709.25吨,最后减少到1992年的26 139.82吨。表9-8中,在整个产业结构调整期间,人均GDP一直增加,环境污染排放量依次出现先增加、后减少、然后增加、最后减少的数量特征,从而形成了环境库兹涅茨双倒U型曲线。

图9-2为表9-8中人均GDP与环境污染排放量所对应的散点图及拟合线。横坐标为人均GDP,单位为元/人;纵坐标为环境污染排放量,单位为吨。图9-2中的散点及拟合线显示出两个倒U型曲线,即双倒U型曲线。

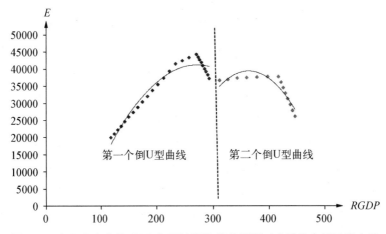

图9-2 表9-8中人均GDP与环境污染排放量所对应的散点图及拟合线

表9-9为一个数值模拟分析。表9-9中,产业结构调整幅度在整个产业结构调整期间(在所有年份)都剧烈,经济在第一产业为主导向第二产业为主导转变期间为5%的中低速增长,经济在第二产业为主导向第三产业为主导转变期间分别经历5%的中低速增长、3%的低速增长、5%的中低速增长、3%的低速增长。

表9-9 产业结构调整剧烈且经济分别经历5%的中低速、3%的低速、5%的中低速、3%的低速增长时环境库兹涅茨双倒U型曲线的形成

年份	第一产业比重(%)	第二产业比重(%)	第三产业比重(%)	第三产业比重的年增长率(%)	产业结构调整幅度	GDP(亿元)	GDP增速	RGDP(元)	环境污染排放总量(吨)
1952	51	21	28			679		118.123 9	19 996.55
1953	48	23	29	3.571 429	剧烈	712.95	5%	124.030 1	21 067.673

续 表

年份	第一产业比重(%)	第二产业比重(%)	第三产业比重(%)	第三产业比重的年增长率(%)	产业结构调整幅度	GDP（亿元）	GDP增速	RGDP（元）	环境污染排放总量（吨）
1954	45	25	30	3.448 276	剧烈	748.597 5	5%	130.231 6	22 195.916
1955	42	27	31	3.333 333	剧烈	786.027 38	5%	136.743 2	23 384.314
1956	39	29	32	3.225 806	剧烈	825.328 74	5%	143.580 4	24 636.063
1957	36	31	33	3.125	剧烈	866.595 18	5%	150.759 4	25 954.526
1958	33	33	34	3.030 303	剧烈	909.924 94	5%	158.297 4	27 343.244
1959	30	35	35	2.941 176	剧烈	955.421 19	5%	166.212 2	28 805.949
1960	27	37	36	2.857 143	剧烈	1 003.192 2	5%	174.522 8	30 346.565
1961	24	39	37	2.777 778	剧烈	1 053.351 9	5%	183.249	31 969.229
1962	21	41	38	2.702 703	剧烈	1 106.019 5	5%	192.411 5	33 678.292
1963	18	43	39	2.631 579	剧烈	1 161.320 4	5%	202.032	35 478.339
1964	15	45	40	2.564 103	剧烈	1 219.386 4	5%	212.133 6	37 374.195
1965	12	47	41	2.5	剧烈	1 280.355 8	5%	222.740 3	39 370.94
1966	9	49	42	2.439 024	剧烈	1 344.373 6	5%	233.877 3	41 473.924
1967	9	47.5	43.5	3.571 429	剧烈	1 411.592 2	5%	245.571 2	42 425.405
1968	9	46	45	3.448 276	剧烈	1 482.171 8	5%	257.849 7	43 368.348
1969	9	44.5	46.5	3.333 333	剧烈	1 556.28	5%	270.742 1	44 299.51
1970	9	43	48	3.225 806	剧烈	1 602.968 4	3%	278.864 4	44 354.14
1971	9	41.5	49.5	3.125	剧烈	1 651.057 5	3%	287.230 4	44 372.17
1972	9	40	51	3.030 303	剧烈	1 700.589 5	3%	295.847 3	44 351.37
1973	9	38.5	52.5	2.941 176	剧烈	1 751.606 9	3%	304.722 7	44 289.38
1974	9	37	54	2.857 143	剧烈	1 804.155 1	3%	313.864 4	44 183.76
1975	9	35.5	55.5	2.777 778	剧烈	1 858.279 7	3%	323.280 3	44 031.94
1976	9	34	57	2.702 703	剧烈	1 914.028 1	3%	332.978 7	43 831.24
1977	9	32.5	58.5	2.631 579	剧烈	1 971.448 9	3%	342.968	43 578.88
1978	9	31	60	2.564 103	剧烈	2 030.592 4	3%	353.257 1	43 271.92

续 表

年份	第一产业比重(%)	第二产业比重(%)	第三产业比重(%)	第三产业比重的年增长率(%)	产业结构调整幅度	GDP(亿元)	GDP增速	RGDP(元)	环境污染排放总量(吨)
1979	9	29.5	61.5	2.5	剧烈	2 132.122	5%	370.919 9	43 740.48
1980	9	28	63	2.439 024	剧烈	2 238.728 1	5%	389.465 9	44 147.72
1981	9	26.5	64.5	2.380 952	剧烈	2 350.664 5	5%	408.939 2	44 486.33
1982	9	25	66	2.325 581	剧烈	2 468.197 8	5%	429.386 2	44 748.43
1983	9	23.5	67.5	2.272 727	剧烈	2 591.607 7	5%	450.855 5	44 925.52
1984	9	22	69	2.222 222	剧烈	2 721.188	5%	473.398 3	45 008.45
1985	9	20.5	70.5	2.173 913	剧烈	2 857.247 4	5%	497.068 2	44 987.36
1986	9	19	72	2.127 66	剧烈	2 942.964 9	3%	511.980 3	43 997.32
1987	9	17.5	73.5	2.083 333	剧烈	3 031.253 8	3%	527.339 7	42 907.4
1988	9	16	75	2.040 816	剧烈	3 122.191	3%	543.159 8	41 712.48
1989	9	14.5	76.5	2	剧烈	3 215.857 2	3%	559.454 6	40 407.25
1990	9	13	78	1.960 784	剧烈	3 312.333	3%	576.238 3	38 986.16
1991	9	11.5	79.5	1.923 077	剧烈	3 411.702 9	3%	593.525 4	37 443.44
1992	9	10	81	1.886 792	剧烈	3 514.054	3%	611.331 2	35 773.07

表9-9中数据显示,环境污染物排放量在第一产业为主导向第二产业为主导转变期间一直增加,环境污染物排放量从1952年的1 996.55吨增加到1966年的41 473.924吨。环境污染物排放量在第二产业为主导向第三产业为主导转变期间出现先增加、然后减少、接着增加、最后减少的数量特征,从1966年的41 473.924吨增加到1969年的44 299.51吨,然后减少到1978年的43 271.92吨,接着增加到1985年的44 987.36吨,最后减少到1992年的35 773.03吨。表9-9中,在整个产业结构调整期间,人均GDP一直增加,环境污染排放量依次出现先增加、后减少、然后增加、最后减少的数量特征,从而形成了环境库兹涅茨双倒U型曲线。

图9-3为表9-9中人均GDP与环境污染排放量所对应的散点图及拟合线。横坐标为人均GDP,单位为元/人;纵坐标为环境污染排放量,单位为吨。图9-3中的散点及拟合线显示出两个倒U型曲线,即双倒U型曲线。

第九章 环境库兹涅茨双倒 U 型曲线假说的提出及论证

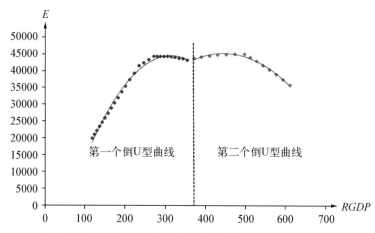

图 9-3 表 9-9 中人均 GDP 与环境污染排放量所对应的散点图及拟合线

表 9-10 为一个数值模拟分析。表 9-10 中,产业结构调整幅度在整个产业结构调整期间(在所有年份)都剧烈,经济在第一产业为主导向第二产业为主导转变期间为 5%的中低速增长,经济在第二产业为主导向第三产业为主导转变期间分别经历 5%的中低速增长、2%的低速增长、5%的中低速增长、2%的低速增长。

表 9-10 产业结构调整剧烈且经济分别经历 5%的中低速、2%的低速、5%的中低速、2%的低速增长时环境库兹涅茨双倒 U 型曲线的形成

年份	第一产业比重(%)	第二产业比重(%)	第三产业比重(%)	第三产业比重的年增长率(%)	产业结构调整幅度	GDP(亿元)	GDP增速	RGDP(元)	环境污染排放总量(吨)
1952	51	21	28			679		118.123 9	19 996.55
1953	48	23	29	3.571 429	剧烈	712.95	5%	124.030 13	21 067.673
1954	45	25	30	3.448 276	剧烈	748.597 5	5%	130.231 64	22 195.916
1955	42	27	31	3.333 333	剧烈	786.027 38	5%	136.743 22	23 384.314
1956	39	29	32	3.225 806	剧烈	825.328 74	5%	143.580 38	24 636.063
1957	36	31	33	3.125	剧烈	866.595 18	5%	150.759 4	25 954.526
1958	33	33	34	3.030 303	剧烈	909.924 94	5%	158.297 37	27 343.244
1959	30	35	35	2.941 176	剧烈	955.421 19	5%	166.212 24	28 805.949
1960	27	37	36	2.857 143	剧烈	1 003.192 2	5%	174.522 84	30 346.565

续　表

年份	第一产业比重(%)	第二产业比重(%)	第三产业比重(%)	第三产业比重的年增长率(%)	产业结构调整幅度	GDP（亿元）	GDP增速	RGDP（元）	环境污染排放总量（吨）
1961	24	39	37	2.777 778	剧烈	1 053.351 9	5%	183.249	31 969.229
1962	21	41	38	2.702 703	剧烈	1 106.019 5	5%	192.411 45	33 678.292
1963	18	43	39	2.631 579	剧烈	1 161.320 4	5%	202.032 01	35 478.339
1964	15	45	40	2.564 103	剧烈	1 219.386 4	5%	212.133 61	37 374.195
1965	12	47	41	2.5	剧烈	1 280.355 8	5%	222.740 3	39 370.94
1966	9	49	42	2.439 024	剧烈	1 344.373 6	5%	233.877 32	41 473.924
1967	9	47.5	43.5	3.571 429	剧烈	1 411.592 2	5%	245.571 17	42 425.405
1968	9	46	45	3.448 276	剧烈	1 482.171 8	5%	257.849 73	43 368.348
1969	9	44.5	46.5	3.333 333	剧烈	1 556.28	5%	270.742 15	44 299.51
1970	9	43	48	3.225 806	剧烈	1 587.405 6	2%	276.156 99	43 923.51
1971	9	41.5	49.5	3.125	剧烈	1 619.153 7	2%	281.680 13	43 514.76
1972	9	40	51	3.030 303	剧烈	1 651.536 8	2%	287.313 73	43 072.08
1973	9	38.5	52.5	2.941 176	剧烈	1 684.567 5	2%	293.060 01	42 594.29
1974	9	37	54	2.857 143	剧烈	1 718.258 9	2%	298.921 21	42 080.16
1975	9	35.5	55.5	2.777 778	剧烈	1 752.624	2%	304.899 63	41 528.43
1976	9	34	57	2.702 703	剧烈	1 787.676 5	2%	310.997 62	40 937.79
1977	9	32.5	58.5	2.631 579	剧烈	1 823.430 1	2%	317.217 57	40 306.92
1978	9	31	60	2.564 103	剧烈	1 859.898 7	2%	323.561 93	39 634.44
1979	9	29.5	61.5	2.5	剧烈	1 952.893 6	5%	339.740 02	40 063.61
1980	9	28	63	2.439 024	剧烈	2 050.538 3	5%	356.727 02	40 436.61
1981	9	26.5	64.5	2.380 952	剧烈	2 153.065 2	5%	374.563 37	40 746.76
1982	9	25	66	2.325 581	剧烈	2 260.718 4	5%	393.291 54	40 986.83
1983	9	23.5	67.5	2.272 727	剧烈	2 373.754 4	5%	412.956 12	41 149.03
1984	9	22	69	2.222 222	剧烈	2 492.442 1	5%	433.603 93	41 224.99

续 表

年份	第一产业比重(%)	第二产业比重(%)	第三产业比重(%)	第三产业比重的年增长率(%)	产业结构调整幅度	GDP(亿元)	GDP增速	RGDP(元)	环境污染排放总量(吨)
1985	9	20.5	70.5	2.173 913	剧烈	2 617.064 2	5%	455.284 12	41 205.68
1986	9	19	72	2.127 66	剧烈	2 669.405 5	2%	464.389 81	39 907.61
1987	9	17.5	73.5	2.083 333	剧烈	2 722.793 6	2%	473.677 6	38 541.14
1988	9	16	75	2.040 816	剧烈	2 777.249	2%	483.151 15	37 104.05
1989	9	14.5	76.5	2	剧烈	2 832.794 4	2%	492.814 18	35 594.06
1990	9	13	78	1.960 784	剧烈	2 889.45	2%	502.670 46	34 008.83
1991	9	11.5	79.5	1.923 077	剧烈	2 947.239 3	2%	512.723 87	32 345.95
1992	9	10	81	1.886 792	剧烈	3 006.184	2%	522.978 35	30 602.95

表9-10中数据显示，环境污染物排放量在第一产业为主导向第二产业为主导转变期间一直增加，环境污染物排放量从1952年的1 996.55吨增加到1966年的41 473.924吨。环境污染物排放量在第二产业为主导向第三产业为主导转变期间出现先增加、然后减少、接着增加、最后减少的数量特征，从1966年的41 473.924吨增加到1969年的44 299.51吨，然后减少到1978年的39 634.44吨，接着增加到1985年的41 205.68吨，最后减少到1992年的30 602.95吨。表9-10中，在整个产业结构调整期间，人均GDP一直增加，环境污染排放量依次出现先增加、后减少、然后增加、最后减少的数量特征，从而形成了环境库兹涅茨双倒U型曲线。

图9-4为表9-10中人均GDP与环境污染排放量所对应的散点图及拟合线。横坐标为人均GDP，单位为元/人；纵坐标为环境污染排放量，单位为吨。图9-4中的散点及拟合线显示出两个倒U型曲线，即双倒U型曲线。

情形3：在第一产业为主导向第二产业为主导转变期间，产业结构调整幅度剧烈且经济处于高速或中高速增长，环境污染规模效应占主导；在第二产业为主导向第三产业为主导转变期间，产业结构调整幅度剧烈且经济先低速、然后高速或中高增加、最后低速增长，则先经历环境污染结构效应占主导，然后经历环境污染规模效应占主导，最后经历环境污染结构效应占主导。在整个产业结构调

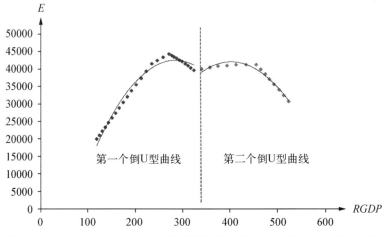

图 9-4 表 9-10 中人均 GDP 与环境污染排放量所对应的散点图及拟合线

整阶段,依次经历环境污染规模效应占主导、环境污染结构效应占主导、环境污染规模效应占主导、环境污染结构效应占主导,该国人均 GDP 与环境污染排放量之间呈双倒 U 型曲线关系,如表 9-11 所示。

表 9-11 环境库兹涅茨双倒 U 型曲线第三种类型

变量名称	第一产业为主导向第二产业为主导转变期间	第二产业为主导向第三产业为主导转变期间	整个产业结构调整阶段
产业结构调整幅度	产业结构调整幅度剧烈	产业结构调整幅度剧烈	始终剧烈
经济增长速度	经济处于高速或中高速增长	经济先低速,然后高速或中高速增加,最后低速增长	经济先高速或中高速增长,然后低速增长,接着高速或中高速增加,最后低速增长
主导地位的识别	经济高速或中高速增长速度所带来的环境污染规模效应占主导	先是产业结构调整剧烈所带来的环境污染结构性效应占主导,然后是经济高速或中高速增长所带来的环境污染规模效应占主导,最后是产业结构调整剧烈所带来的环境污染结构性效应占主导	先是环境污染规模效应占主导,接着是环境污染结构效应占主导,然后是环境污染规模效应占主导,最后是环境污染结构性效应占主导

续　表

变量名称	第一产业为主导向第二产业为主导转变期间	第二产业为主导向第三产业为主导转变期间	整个产业结构调整阶段
环境污染排放量	不断增加	先减少,然后增加,最后减少	先增加,后减少,然后增加,最后减少
人均GDP	不断增加	不断增加	始终增加
人均GDP与环境污染排放量的数量关系	随着人均GDP的增加,环境污染排放量不断增加	随着人均GDP的增加,环境污染排放量先是不断减少,然后不断增加,最后不断减少	随着人均GDP的增加,环境污染排放量先是不断增加,然后不断减少,接着不断增加,最后不断减少。环境库兹涅茨双倒U型曲线关系成立

表9-12为一个数值模拟分析。表9-12中,产业结构调整幅度在整个产业结构调整期间(在所有年份)都剧烈,经济在第一产业为主导向第二产业为主导转变期间为10%的高速增长,经济在第二产业为主导向第三产业为主导转变期间分别经历10%的高速增长、1%的低速增长、10%的高速增长、1%的低速增长。

表9-12　产业结构调整剧烈且经济分别经历10%的高速、1%的低速、10%的高速、1%的低速增长时环境库兹涅茨双倒U型曲线的形成

年份	第一产业比重(%)	第二产业比重(%)	第三产业比重(%)	第三产业比重的年增长率(%)	产业结构调整幅度	GDP(亿元)	GDP增速	RGDP(元)	环境污染排放总量(吨)
1952	51	21	28			679		118.123 93	19 996.55
1953	48	23	29	3.571 429	剧烈	746.9	10%	129.936 33	22 070.895
1954	45	25	30	3.448 276	剧烈	821.59	10%	142.929 96	24 360.144
1955	42	27	31	3.333 333	剧烈	903.749	10%	157.222 96	26 886.533
1956	39	29	32	3.225 806	剧烈	994.123 9	10%	172.945 25	29 674.598
1957	36	31	33	3.125	剧烈	1 093.536 3	10%	190.239 78	32 751.412

续 表

年份	第一产业比重(%)	第二产业比重(%)	第三产业比重(%)	第三产业比重的年增长率(%)	产业结构调整幅度	GDP（亿元）	GDP增速	RGDP（元）	环境污染排放总量（吨）
1958	33	33	34	3.030 303	剧烈	1 202.889 9	10%	209.263 76	36 146.842
1959	30	35	35	2.941 176	剧烈	1 323.178 9	10%	230.190 13	39 893.844
1960	27	37	36	2.857 143	剧烈	1 455.496 8	10%	253.209 14	44 028.778
1961	24	39	37	2.777 778	剧烈	1 601.046 5	10%	278.530 06	48 591.761
1962	21	41	38	2.702 703	剧烈	1 761.151 1	10%	306.383 06	53 627.052
1963	18	43	39	2.631 579	剧烈	1 937.266 2	10%	337.021 37	59 183.484
1964	15	45	40	2.564 103	剧烈	2 130.992 9	10%	370.723 51	65 314.931
1965	12	47	41	2.5	剧烈	2 344.092 2	10%	407.795 86	72 080.834
1966	9	49	42	2.439 024	剧烈	2 578.501 4	10%	448.575 44	79 546.767
1967	9	47.5	43.5	3.571 429	剧烈	2 836.351 5	10%	493.432 99	85 246.545
1968	9	46	45	3.448 276	剧烈	3 119.986 7	10%	542.776 29	91 290.81
1969	9	44.5	46.5	3.333 333	剧烈	3 431.985 3	10%	597.053 92	97 691.462
1970	9	43	48	3.225 806	剧烈	3 466.305 2	1%	603.024 46	95 912.664
1971	9	41.5	49.5	3.125	剧烈	3 500.968 2	1%	609.054 7	94 088.521
1972	9	40	51	3.030 303	剧烈	3 535.977 9	1%	615.145 25	92 218.304
1973	9	38.5	52.5	2.941 176	剧烈	3 571.337 7	1%	621.296 7	90 301.273
1974	9	37	54	2.857 143	剧烈	3 607.051 1	1%	627.509 67	88 336.681
1975	9	35.5	55.5	2.777 778	剧烈	3 643.121 6	1%	633.784 76	86 323.766
1976	9	34	57	2.702 703	剧烈	3 679.552 8	1%	640.122 61	84 261.759
1977	9	32.5	58.5	2.631 579	剧烈	3 716.348 3	1%	646.523 84	82 149.88
1978	9	31	60	2.564 103	剧烈	3 753.511 8	1%	652.989 08	79 987.337
1979	9	29.5	61.5	2.5	剧烈	4 128.863	10%	718.287 98	84 703.624
1980	9	28	63	2.439 024	剧烈	4 541.749 3	10%	790.116 78	89 563.296

续 表

年份	第一产业比重(%)	第二产业比重(%)	第三产业比重(%)	第三产业比重的年增长率(%)	产业结构调整幅度	GDP(亿元)	GDP增速	RGDP(元)	环境污染排放总量(吨)
1981	9	26.5	64.5	2.380 952	剧烈	4 995.924 2	10%	869.128 46	94 547.866
1982	9	25	66	2.325 581	剧烈	5 495.516 6	10%	956.041 31	99 633.717
1983	9	23.5	67.5	2.272 727	剧烈	6 045.068 3	10%	1 051.645 4	104 791.26
1984	9	22	69	2.222 222	剧烈	6 649.575 1	10%	1 156.81	109 983.97
1985	9	20.5	70.5	2.173 913	剧烈	7 314.532 6	10%	1 272.491	115 167.32
1986	9	19	72	2.127 66	剧烈	7 387.678	1%	1 285.215 9	110 445.79
1987	9	17.5	73.5	2.083 333	剧烈	7 461.554 7	1%	1 298.068	105 618.31
1988	9	16	75	2.040 816	剧烈	7 536.170 3	1%	1 311.048 7	100 683.24
1989	9	14.5	76.5	2	剧烈	7 611.532	1%	1 324.159 2	95 638.9
1990	9	13	78	1.960 784	剧烈	7 687.647 3	1%	1 337.400 8	90 483.609
1991	9	11.5	79.5	1.923 077	剧烈	7 764.523 8	1%	1 350.774 8	85 215.649
1992	9	10	81	1.886 792	剧烈	7 842.169	1%	1 364.282 6	79 833.281

表 9-12 中数据显示,环境污染物排放量在第一产业为主导向第二产业为主导转变期间一直增加,环境污染物排放量从 1952 年的 1 996.55 吨增加到 1966 年的 79 546.767 吨。环境污染物排放量在第二产业为主导向第三产业为主导转变期间出现先增加、然后减少、接着增加、最后减少的数量特征,从 1966 年的 79 546.767 吨增加到 1969 年的 97 691.462 吨,然后减少到 1978 年的 79 987.337 吨,接着增加到 1985 年的 115 167.32 吨,最后减少到 1992 年的 79 833.281 吨。表 9-12 中,在整个产业结构调整期间,人均 GDP 一直增加,环境污染排放量依次出现先增加、后减少、然后增加、最后减少的数量特征,从而形成了环境库兹涅茨双倒 U 型曲线。

图 9-5 为表 9-12 中人均 GDP 与环境污染排放量所对应的散点图及拟合线。横坐标为人均 GDP,单位为元/人;纵坐标为环境污染排放量,单位为吨。图 9-5 中的散点及拟合线显示出两个倒 U 型曲线,即双倒 U 型曲线。

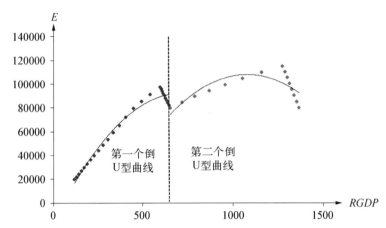

图 9-5 表 9-12 中人均 GDP 与环境污染排放量所对应的散点图及拟合线

二、环境库兹涅茨双倒 U 型曲线在我国存在的客观事实

文章选取 COD（化学需氧量）作为一种典型的环境污染物进行相关分析。COD 能够很好地反映水体的污染程度。一般而言，COD 排放量越大，该水体的污染程度越高；COD 排放量越小，该水体的污染程度越小。相关数据如表 9-13 所示。表 9-13 中，人均 GDP 在 2004—2015 年是不断增加的，COD 排放量在 2004—2006 年是增加的，在 2007—2009 年是不断减少的，在 2010—2011 年是不断增加的，在 2012—2015 年是不断减少的。因此，在 2004—2015 年，我国 COD 排放量依次经历增加、减少、增加、减少这四个阶段。

表 9-13 中国人均 GDP 和 COD 排放量相关数据

年份	2004	2005	2006	2007	2008	2009	2010	2011	2012	2013	2014	2015
RGDP（元）	12 487	14 638	16 738	20 505	24 121	26 222	30 876	36 403	40 007	43 852	47 203	50 251
COD（万吨）	1 339.18	1 414.2	1 428.2	1 381.8	1 320.7	1 277.5	1 238.1	2 499.86	2 424	2 352.7	2 294.6	2 223.5

数据来源：《中国统计年鉴》。

图 9-6 为 2004—2015 年我国人均 GDP 与 COD 排放量之间的散点图及拟合线，其中横坐标为人均 GDP，纵坐标为 COD 排放量。散点位置及对应的拟合

线显示出明显的双倒 U 型特征。图 9-6 中拟合线方程四次项的系数为负值,证实了双倒 U 型曲线在我国的存在性。

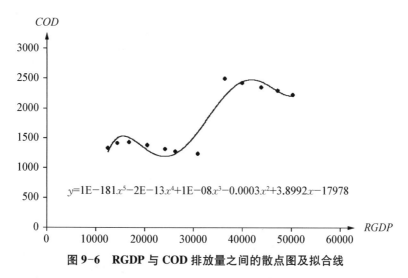

图 9-6　RGDP 与 COD 排放量之间的散点图及拟合线

废水中的主要污染物排放有:化学需氧量排放(COD)、氨氮排放量、总氮排放量、总磷排放量、石油类排放量、铅排放量等。化学需氧量排放(COD)、氨氮排放量的数据相对完整,而废水中的其他污染物排放数据严重缺失。因此,文章在进行了人均 GDP 与 COD 的双倒 U 型检验后,采用氨氮排放量进行检验。表 9-14 为 2004—2015 年我国人均 GDP 与氨氮排放量的相关数据。

表 9-14　中国人均 GDP 和氨氮排放量相关数据

年份	2004	2005	2006	2007	2008	2009	2010	2011	2012	2013	2014	2015
RGDP(元)	12 487	14 638	16 738	20 505	24 121	26 222	30 876	36 403	40 007	43 852	47 203	50 251
氨氮排放量(万吨)	133.01	149.78	141.33	132.34	126.97	122.61	120.29	260.44	253.59	245.66	238.53	229.91

数据来源:《中国统计年鉴》。

表 9-14 中,人均 GDP 在 2004—2015 年是不断增加的,氨氮排放量在 2004—2005 年是增加的,在 2006—2009 年是不断减少的,在 2010—2011 年是不断增加

的,在 2012—2015 年是不断减少的。因此,在 2004—2015 年,我国氨氮排放量依次经历增加、减少、增加、减少这四个阶段。

图 9-7 为 2004—2015 年我国人均 GDP 与氨氮排放量之间的散点图及拟合线,其中横坐标为人均 GDP,纵坐标为氨氮排放量。散点位置及对应的拟合线显示出明显的双倒 U 型特征。图 9-7 中拟合线方程四次项的系数为负值,证实了双倒 U 型曲线在我国的存在性。

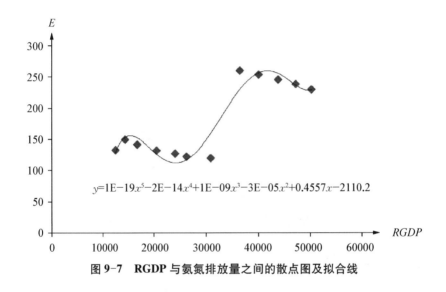

图 9-7 RGDP 与氨氮排放量之间的散点图及拟合线

第四节 计量模型研究检验

一、数据描述

表 9-15 为中国 1980—2014 年工业废水排放量和人均 GDP 的相关数据。其中,1980—2008 年的数据来源于《新中国六十年统计资料汇编》,2008—2014 年相关数据来源于历年《中国统计年鉴》。工业废水排放量以变量 FS 表示,人均 GDP 以变量 rgdp 表示。1980—2014 年,我国产业结构分别经历第一产业为主导向第二产业为主导转变、第二产业为主导向第三产业为主导转变。

表 9-15 中国工业废水排放量和人均 GDP 的相关数据

年 份	工业废水排放量(亿吨)	RGDP(元)
1980	233.6	463
1981	237.9	492
1982	239.4	528
1983	238.8	583
1984	251.4	695
1985	257.4	858
1986	260.2	963
1987	263.8	1 112
1988	268.4	1 366
1989	252.0	1 519
1990	248.7	1 644
1991	235.9	1 893
1992	233.9	2 311
1993	219.5	2 998
1994	215.5	4 044
1995	221.9	5 046
1996	205.9	5 846
1997	188.3	6 420
1998	200.5	6 796
1999	197.3	7 159
2000	194.2	7 858
2001	202.6	8 622
2002	207.2	9 398
2003	212.3	10 542
2004	221.1	12 336
2005	243.1	14 053

续 表

年 份	工业废水排放量(亿吨)	RGDP(元)
2006	240.2	16 165
2007	246.6	19 524
2008	241.7	22 698
2009	234.4	26 222
2010	237.5	30 876
2011	230.9	36 403
2012	221.6	40 007
2013	209.8	43 852
2014	205.3	47 203

图 9-8 为 1980—2014 年我国工业废水排放量与人均 GDP 数据所对应的散点图。图 9-8 中散点位置显示明显的出双倒 U 型特征。

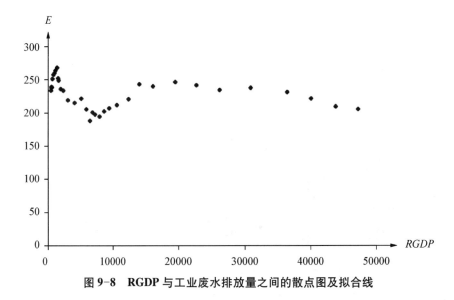

图 9-8 RGDP 与工业废水排放量之间的散点图及拟合线

二、回归结果分析

表 9-16 为计量模型回归结果,被解释变量为 fs,解释变量为 rgdp。表 9-16

中，rgdp $*$ rgdp $*$ rgdp $*$ rgdp 的系数为负值，且通过1%的显著性检验。这充分说明了在1980—2014年我国工业废水排放量与人均GDP之间存在显著的双倒U型曲线关系。

表9-16 回归结果报告

解释变量	回归系数
rgdp	0.075 281 *** (5.665 968)
rgdp $*$ rgdp	$-6.5\text{E}-06$ *** ($-3.745\ 394$)
rgdp $*$ rgdp $*$ rgdp	$2.03\text{E}-10$ *** (3.024 803)
rgdp $*$ rgdp $*$ rgdp $*$ rgdp	$-2.06\text{E}-15$ *** ($-2.635\ 482$)

注：本表中被解释变量为工业废水排放量。

第五节 本章小结

作者提出了环境库兹涅茨双倒U型曲线假说。即在整个产业结构调整阶段，在满足一定的假设前提条件下随着一国人均GDP的增加，该国环境污染排放量存在依次出现增加、减少、增加、减少的数量特征的可能性。本书从产业结构调整的环境污染结构效应和经济增长速度的环境污染规模效应对环境库兹涅茨双倒U型曲线假说进行论证。根据产业结构调整幅度和经济增长速度大小的不同，本书指出了环境库兹涅茨双倒U型曲线存在的三种情形。

情形1：在第一产业为主导向第二产业为主导转变期间，产业结构调整幅度剧烈且经济处于低速增长；在第二产业为主导向第三产业为主导转变期间，产业结构调整幅度剧烈且经济先低速增长、然后高速或中高增加、最后低速增长，则在整个产业结构调整阶段，该国人均GDP与该国环境污染排放量之间呈双倒U型曲线关系。

情形2：在第一产业为主导向第二产业为主导转变期间，产业结构调整幅度剧烈且经济处于中低速增长,在第二产业为主导向第三产业为主导转变期间,产业结构调整幅度剧烈且经济先低速增长、然后中低增加、最后低速增长,则在整个产业结构调整阶段,该国人均 GDP 与该国环境污染排放量之间呈双倒 U 型曲线关系。

情形 3:在第一产业为主导向第二产业为主导转变期间,产业结构调整幅度剧烈且经济处于高速或中高速增长,在第二产业为主导向第三产业为主导转变期间,产业结构调整幅度剧烈且经济先低速增长、然后高速或中高增加、最后低速增长,则该国人均 GDP 与该国环境污染排放量之间呈双倒 U 型曲线关系。

环境库兹涅茨双倒 U 型曲线存在的三种情形在本章的数值模拟分析中得到验证。作者采用中国 2004—2015 年人均 GDP 与 COD 的数据及人均 GDP 与氨氮排放量数据均证实了环境库兹涅茨双倒 U 型曲线的存在性。作者还采用中国 1980—2014 年工业废水排放量和人均 GDP 的相关数据进行了计量模型分析,研究表明:在 1980—2014 年我国工业废水排放量与人均 GDP 之间存在显著的双倒 U 型曲线关系。

第十章 环境库兹涅茨双倒 U 型曲线在美国和 OECD 国家的证实

第一节 环境库兹涅茨双倒 U 型曲线在美国的证实

一、美国 CO_2 排放量

表 10-1 美国 CO_2 排放量数据

年份	CO_2排放量（百万吨）	年份	CO_2排放量（百万吨）	年份	CO_2排放量（百万吨）	年份	CO_2排放量（百万吨）
1970	4 231	1982	4 320	1994	5 023	2006	5 602
1971	4 288	1983	4 294	1995	5 073	2007	5 686
1972	4 527	1984	4 485	1996	5 230	2008	5 512
1973	4 690	1985	4 514	1997	5 397	2009	5 120
1974	4 539	1986	4 477	1998	5 415	2010	5 347
1975	4 355	1987	4 632	1999	5 438	2011	5 211
1976	4 616	1988	4 841	2000	5 643	2012	5 031
1977	4 781	1989	4 904	2001	5 605	2013	5 103
1978	4 770	1990	4 802	2002	5 536	2014	5 176
1979	4 799	1991	4 765	2003	5 609		
1980	4 595	1992	4 837	2004	5 688		
1981	4 533	1993	4 952	2005	5 702		

二、美国人均 GDP

表 10-2 美国人均 GDP 数据

年份	人均 GDP（美元）	年份	人均 GDP（美元）	年份	人均 GDP（美元）	年份	人均 GDP（美元）
1970	5 246	1982	14 405	1994	27 742	2006	46 369
1971	5 623	1983	15 526	1995	28 749	2007	47 987
1972	6 109	1984	17 093	1996	30 033	2008	48 330
1973	6 740	1985	18 225	1997	31 538	2009	46 930
1974	7 241	1986	19 071	1998	32 913	2010	38 303
1975	7 820	1987	20 055	1999	34 585	2011	49 719
1976	8 609	1988	21 434	2000	36 419	2012	51 388
1977	9 469	1989	22 870	2001	37 240	2013	52 726
1978	10 585	1990	23 901	2002	38 122	2014	54 651
1979	11 693	1991	24 352	2003	39 606		
1980	12 570	1992	25 452	2004	41 857		
1981	13 960	1993	26 428	2005	44 237		

三、方程系数与环境库兹涅茨曲线形状的关系

（一）方程系数的符号对环境库兹涅茨曲线形状的影响

y 表示环境污染排放量，x 表示人均 GDP。

1. $y = ax + b$ 型方程

当 $a \neq 0$，则环境库兹涅茨曲线为线型。

2. $y = ax^2 + bx + c$ 型方程

当 a>0，环境库兹涅茨曲线为正 U 型曲线。

当 a<0，环境库兹涅茨曲线为倒 U 型曲线。

3. $y = ax^3 + bx^2 + cx + d$

当 a>0，环境库兹涅茨曲线为波浪型曲线。

当 $a<0$，环境库兹涅茨曲线为倒波浪型曲线。

4. $y = ax^4 + bx^3 + cx^2 + dx + e$

当 $a<0$，环境库兹涅茨曲线为双倒 U 型曲线。

(二) 环境库兹涅茨双倒 U 型曲线的例子

方程为：$y = -x^4 + 10x^3 - 28x^2 + 20x + 30$ 时，所对应的曲线形状如图 10-1 所示。方程中 x^4 的系数为 -1，满足小于 0 的条件。图 10-1 中曲线为典型的双倒 U 型曲线形状。

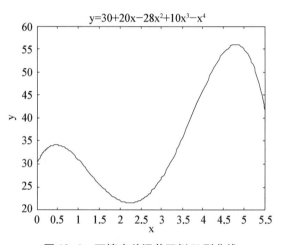

图 10-1　环境库兹涅茨双倒 U 型曲线

四、美国 CO_2 排放量与人均 GDP 的散点图及拟合线

(一) 整体回归

本章采用美国 1970 年至 2014 年 CO_2 排放量和人均 GDP 数据进行了回归分析。令 y 表示 CO_2 排放量，单位为：百万吨；x 表示人均 GDP，单位为：美元。

回归方程为：

$$y = -0.006\ 7x^4 + 53.623x^3 - 159\ 956x^2 + (2E+08)x - (1E+11)$$

回归方程中 x^4 的系数为负数，说明美国 1970 年至 2014 年 CO_2 排放量与人均 GDP 之间为双倒 U 型曲线关系。

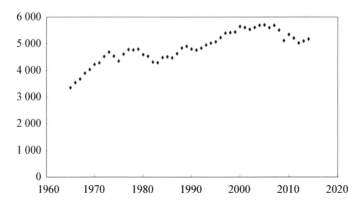

图 10-2　美国 1970—2014 年 CO_2 排放量与人均 GDP 数据所对应的散点图

（二）分段回归

本章将 1970—2014 年分为 1970—1983 年和 1984—2014 年两段进行回归分析。

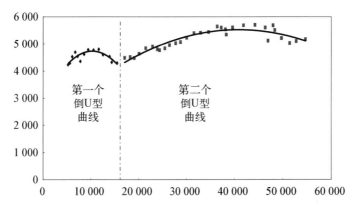

图 10-3　美国 1970—1983 年和 1984—2014 年 CO_2 排放量与
人均 GDP 数据所对应的散点图

美国 1970—1983 年 CO_2 排放量与人均 GDP 数据所对应的回归方程为：

$$y = (-2E-05)x^2 + 0.3646x + 2845.6$$

由于 x^2 的系数为负数，说明美国 1970—1983 年 CO_2 排放量与人均 GDP 之间呈倒 U 型曲线关系。即美国在 1970—1983 年间随着人均 GDP 的增加，CO_2 排放量先增加后减少。

美国 1984—2014 年 CO_2 排放量与人均 GDP 数据所对应的回归方程为：

$$y = (-2E-06)x^2 + 0.1758x + 1937.7$$

由于 x^2 的系数为负数,说明美国 1984—2014 年 CO_2 排放量与人均 GDP 之间呈倒 U 型曲线关系。美国在 1984—2014 年随着人均 GDP 的增加,CO_2 排放量先增加后减少。

分段回归结果说明,美国在 1970—1983 年 CO_2 排放量与人均 GDP 之间呈倒 U 型曲线关系(第一个倒 U 型曲线关系);在 1984—2014 年 CO_2 排放量与人均 GDP 之间也呈倒 U 型曲线关系(第二个倒 U 型曲线关系)。在 1971—2014 年,美国 CO_2 排放量与人均 GDP 之间呈双倒 U 型曲线关系。

第二节 环境库兹涅茨双倒 U 型曲线在 OECD 国家的证实

一、OECD 国家 CO_2 排放量

表 10-3 OECD 国家 CO_2 排放量数据

年份	CO_2排放量（百万吨）	年份	CO_2排放量（百万吨）	年份	CO_2排放量（百万吨）	年份	CO_2排放量（百万吨）
1971	9 342	1982	9 985	1993	11 162	2004	12 797
1972	9 759	1983	9 914	1994	11 341	2005	12 829
1973	10 288	1984	10 235	1995	11 493	2006	12 758
1974	10 077	1985	10 339	1996	11 868	2007	12 922
1975	9 755	1986	10 337	1997	12 029	2008	12 592
1976	10 314	1987	10 584	1998	12 020	2009	11 845
1977	10 546	1988	10 896	1999	12 093	2010	12 323
1978	10 666	1989	11 054	2000	12 451	2011	12 149
1979	10 916	1990	10 995	2001	12 464	2012	12 018
1980	10 581	1991	11 028	2002	12 436	2013	12 026
1981	10 317	1992	11 069	2003	12 670	2014	11 855

二、OECD 国家人均 GDP 数据

表 10-4　OECD 国家人均 GDP 数据

年份	人均 GDP（美元）	年份	人均 GDP（美元）	年份	人均 GDP（美元）	年份	人均 GDP（美元）
1971	3 846	1982	10 330	1993	10 330	2004	10 330
1972	4 184	1983	10 967	1994	10 967	2005	10 967
1973	4 631	1984	11 806	1995	11 806	2006	11 806
1974	5 050	1985	12 562	1996	12 562	2007	12 562
1975	5 484	1986	13 904	1997	13 904	2008	13 904
1976	6 011	1987	13 811	1998	13 811	2009	13 811
1977	6 556	1988	14 838	1999	14 838	2010	14 838
1978	7 263	1989	15 874	2000	15 874	2011	15 874
1979	8 091	1990	16 827	2001	16 827	2012	16 827
1980	8 844	1991	17 483	2002	17 483	2013	17 483
1981	9 801	1992	18 130	2003	18 130	2014	18 130

三、回归方程系数与环境库兹涅茨曲线的关系

y 表示环境污染排放量，x 表示人均 GDP。

（一）$y = ax + b$ 型方程

当 a≠0，则环境库兹涅茨曲线为线型。

（二）$y = ax^2 + bx + c$ 型方程

当 a>0，环境库兹涅茨曲线为正 U 型曲线。
当 a<0，环境库兹涅茨曲线为倒 U 型曲线。

（三）$y = ax^3 + bx^2 + cx + d$

当 a>0，环境库兹涅茨曲线为波浪型曲线。

第十章 环境库兹涅茨双倒 U 型曲线在美国和 OECD 国家的证实

当 a<0,环境库兹涅茨曲线为倒波浪型曲线。

（四）$y = ax^4 + bx^3 + cx^2 + dx + e$

当 a<0,环境库兹涅茨曲线为双倒 U 型曲线。

四、OECD 国家 CO_2 排放量与人均 GDP 的散点图及拟合线

（一）整体回归

本章采用 OECD1971—2014 年 CO_2 排放量和人均 GDP 数据进行了回归分析。令 y 表示 CO_2 排放量,单位为百万吨；x 表示人均 GDP,单位为美元/人。

回归方程为：

$$y = (-8E-16)x^4 + (2E-11)x^3 + (2E-06)x^2 - 0.042\,5x + 4\,690.1$$

回归方程中 x^4 的系数为负数,说明 OECD 国家 1971—2014 年 CO_2 排放量与人均 GDP 之间为双倒 U 型曲线关系。

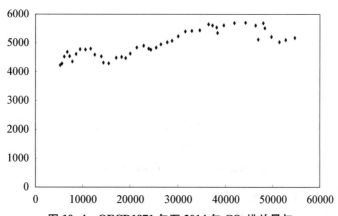

图 10-4 OECD1971 年至 2014 年 CO_2 排放量与人均 GDP 数据所对应的散点图

（二）分段回归

本章将 1971—2014 年划分成 1971—1983 年和 1984—2014 年两个时间段。

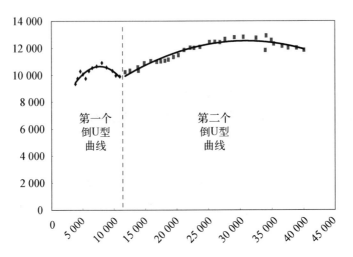

图 10-5　OECD 国家 1970—1983 年和 1984—2014 年 CO_2 排放量与人均 GDP 数据所对应的散点图

OECD 国家 1971—1983 年 CO_2 排放量与人均 GDP 数据所对应的回归方程为：

$$y = (-8E-05)x^2 + 1.2023x + 5982.9$$

由于 x^2 的系数为负数，说明 OECD 1971—1983 年 CO_2 排放量与人均 GDP 之间呈倒 U 型曲线关系。即 OECD 国家在 1971—1983 年随着人均 GDP 的增加，CO_2 排放量先增加后减少。

OECD 国家 1984—2014 年 CO_2 排放量与人均 GDP 数据所对应的回归方程为：

$$y = (-7E-06)x^2 + 0.4406x + 5737.8$$

由于 x^2 的系数为负数，说明 OECD 国家 1984—2014 年 CO_2 排放量与人均 GDP 之间呈倒 U 型曲线关系。即 OECD 国家在 1984—2014 年随着人均 GDP 的增加，CO_2 排放量先增加后减少。

分段回归结果说明，OECD 国家在 1971—1983 年 CO_2 排放量与人均 GDP 之间呈倒 U 型曲线关系（第一个倒 U 型曲线关系）；在 1984—2014 年 CO_2 排放量与人均 GDP 之间也呈倒 U 型曲线关系（第二个倒 U 型曲线关系）。在 1971—2014 年，OECD 国家 CO_2 排放量与人均 GDP 之间呈双倒 U 型曲线关系。

第三节 本章小结

本章以 CO_2 作为典型的环境污染物进行实证分析,研究发现,美国在1970—2014年,随着人均GDP的之间,CO_2排放量依次出现先增加、后减少、然后增加、最后减少的数量特征,从而证实了环境库兹涅茨双倒U型曲线在美国的存在性。1970—1983年美国出现第一个倒U型曲线,1984—2014年出现第二个倒U型曲线。

本章以 CO_2 作为典型的环境污染物进行实证分析,研究发现,OECD国家在1971—2014年,随着人均GDP的之间,CO_2排放量依次出现先增加、后减少、然后增加、最后减少的数量特征,从而证实了环境库兹涅茨双倒U型曲线在OECD国家的存在性。在1971—1983年OECD国家出现第一个倒U型曲线,在1984—2014年OECD国家出现第二个倒U型曲线。

寻找到更多的环境库兹涅茨双倒U型曲线的证据是作者未来努力的重要方向。本书提出的环境库兹涅茨双倒U型曲线,并不是对环境库兹涅茨倒U型曲线的否定,而是强调各自成立的条件不同。环境库兹涅茨双倒U型曲线的提出是对环境库兹涅茨曲线形状多样性的一个补充,也是对环境库兹涅茨倒U型曲线理论的补充和完善。当然本书的论证也充分说明了环境库兹涅茨双倒U型曲线的出现并不是一个偶然。

由于作者水平有限,书中难免有些失误,还望各位专家、学者批评指正。

REFERENCES
参考文献

[1] 陈华文,刘康兵.经济增长与环境质量:关于环境库兹涅茨曲线的经验分析[J].复旦学报(社会科学版),2004年第2期.

[2] 段莹.产业结构高度化对碳排放的影响[J].统计与决策,2010年第23期.

[3] 范丹.中国二氧化碳EKC曲线扩展模型的空间计量分析[J].宏观经济研究,2014年第5期.

[4] 范维娜,李静.收入差距与环境质量的关系——基于安徽省扩展的EKC假说检验[J].华东经济管理,2012年第2期.

[5] 高云虹,王美昌.经济增长与环境污染的广义脉冲响应函数分析——以江西省为例[J].经济问题探索,2011年第6期.

[6] 郭朝先.产业结构变动对中国碳排放的影响[J].中国人口·资源与环境,2012年第7期.

[7] 韩坚,盛培宏.产业结构、技术创新与碳排放实证研究——基于我国东部15个省(市)面板数据[J].上海经济研究,2014年第8期.

[8] 李春米.经济增长、环境规制与产业结构——基于陕西省环境库兹涅茨曲线的分析[J].兰州大学学报(社会科学版),2010年第5期.

[9] 李刚.基于Panal Data和SEA的环境Kuznets曲线分析——与马树才、李国柱两位先生探讨[J].统计研究,2007年第5期.

[10] 李国志,李宗植.二氧化碳排放与经济增长关系的EKC检验——对我国东、中、西部地区的一项比较[J].产经评论,2011年第6期.

[11] 李佳佳,罗能生.制度安排对中国环境库兹涅茨曲线的影响研究[J].管理学报,2017年第1期.

[12] 李科.中国产业结构与碳排放量关系的实证检验——基于动态面板平滑转换模型的分析[J].数理统计与管理,2014年第3期.

[13] 李鹏.产业结构调整恶化了我国的环境污染吗[J].经济问题探索,2015年第6期.

[14] 李鹏.产业结构调整与环境污染之间存在倒 U 型曲线关系吗[J].经济问题探索,2015 年第 12 期.

[15] 李鹏.环境库兹涅茨倒 U 型曲线在我国西部地区的现实考证[J].经济研究参考,2014 年第 11 期.

[16] 李鹏.经济增长、环境管制与污染排放[J].华东经济管理,2012 年第 7 期.

[17] 李鹏.经济增长、环境污染与能源矿产开发的实证研究[M].上海社会科学院出版社,2016 年 1 月.

[18] 李鹏.能源消费与我国经济增长——基于省级面板数据的研究[J].经济管理,2013 年第 1 期.

[19] 李鹏.我国出口商品结构与环境污染关系的实证研究[J].东北大学学报,2014 年第 12 期.

[20] 林伯强,蒋竺均.中国二氧化碳的环境库兹涅茨曲线预测及影响因素分析[J].管理世界,2009 年第 4 期.

[21] 刘建翠.产业结构变动、技术进步与碳排放[J].首都经济贸易大学学报,2013 年第 5 期.

[22] 鲁晓东,许罗丹,雄莹.水资源环境与经济增长:EKC 假说在中国八大流域的表现[J].经济管理,2016 年第 1 期.

[23] 陆虹.中国环境问题与经济发展的关系分析——以大气污染为例[J].财经研究,2000 年第 10 期.

[24] 陆旸,郭路.环境库兹涅茨倒 U 型曲线和环境支出的 S 型曲线——一个新古典增长框架下的理论解释[J].世界经济,2008 年第 12 期.

[25] 宁刘宁,李晓飞.污染产业转移对江西省的环境影响研究——基于 EKC 曲线理论的实证分析[J].经济论坛,2017 年第 6 期.

[26] 彭海珍,任荣明.自由贸易与环境关系的"南北视角"[J].当代财经,2003 年第 9 期.

[27] 彭水军,包群.经济增长与环境污染[J].财经问题研究,2006 年第 8 期.

[28] 沈满洪,许云华.一种新型的环境库兹涅茨曲线——浙江省工业化进程中经济增长与环境变迁的关系研究[J].浙江社会科学,2000 年第 7 期.

[29] 苏东水.产业经济学(第 3 版)[D].高等教育出版社,2010 年.

[30] 孙作人,周德群.基于迪氏指数分解的我国碳排放驱动因素研究——人口、产业、能源结构视角的解释[J].经济学动态,2013 年第 5 期.

[31] 谭飞燕,张雯.中国产业结构变动的碳排放效应分析——基于省际数据的实证研究[J].经济问题,2011 年第 9 期.

[32] 王家庭,高珊珊.城市规模对城市环境的影响:基于我国 119 个城市 EKC 曲线的实证研究[J].学习与实践,2011 年第 12 期.

[33] 王敏,黄滢.中国的环境污染与经济增长[J].经济学季刊,2015 年第 2 期.

[34] 王青,赵景兰,包艳龙.产业结构与环境污染关系的实证分析——基于1995年至2009年的数据[J].南京社会科学,2012年第3期.

[35] 吴玉萍,董锁成,宋键峰.北京市经济增长与环境污染水平计量模型研究[J].地理研究,2002年第2期.

[36] 徐成龙,任建兰,巩灿娟.产业结构调整对山东省碳排放的影响[J].自然资源学报,2014年第2期.

[37] 徐盈之,管建伟.金融发展影响我国环境质量的实证研究——对EKC曲线的补充[J].软科学,2010年第9期.

[38] 许海平.空间依赖、碳排放与人均收入的空间计量研究[J].中国人口·资源与环境,2012年第9期.

[39] 许正松,孔凡斌.经济发展水平、产业结构与环境污染——基于江西省的实证分析[J].当代财经,2014年第8期.

[40] 闫丽霞.河南省产业结构升级与环境污染关系研究[J].企业经济,2013年第8期.

[41] 杨树旺,冯兵.环境库兹涅茨曲线与自回归模型用于三废污染预测的比较分析[J].管理世界,2007年第3期.

[42] 袁加军,曾五一.基于生活污染物的环境库兹涅茨曲线[J].山西财经大学学报,2009年第10期.

[43] 原嫄,席强敏,孙铁山,李国平.产业结构调整对区域碳排放的影响——基于多国数据的实证分析[J].地理研究,2016年第1期.

[44] 张红凤,周峰,杨慧,郭庆.环境保护与经济发展双赢的规制绩效实证分析[J].经济研究,2009年第3期.

[45] 张晓.中国环境政策的总体评价[J].中国社会科学,1999年第3期.

[46] 赵文君,文启湘.环境库兹涅茨曲线及其在我国的修正[J].经济学家,2004年第5期.

[47] 赵细康,李建民,王金营,周春旗.环境库兹涅茨曲线及在中国的检验[J].南开经济研究,2005年第3期.

[48] 郑丽琳,朱启贵.中国碳排放库兹涅茨曲线存在性研究[J].统计研究,2012年第5期.

[49] 仲伟周,姜锋,万晓利.我国产业结构变动对碳排放强度影响的实证研究[J].审计与经济研究,2015年第6期.

[50] 周亚敏,黄苏萍.经济增长与环境污染关系的研究——以北京市为例以区域面板数据的实证分析[J].国际贸易问题,2010年第1期.

[51] 邹庆.基于面板门限回归的中国碳排放EKC研究[J].中国经济问题,2015年第4期.

[52] Ang, J. B. 2007. CO_2 Emissions, Energy Consumption and Output in France[J]. *Energy Policy*, 35(10): 4772-4778.

[53] Apergis, N., and J. E. Payne. 2009. CO_2 Emissions, Energy Usage and Output in Central

America[J], *Energy Policy*, 37(8): 3282-3286.

[54] Bovenberg A, S Smulders. 1996. Transitional Impacts of Environmental Policy in an Endogenous Growth Model[J], *International Economic Review*, 37: 861-893.

[55] Brajer, V., R Mead and F. Xiao. 2011. Searching for an Environmental Kuznets Curve in China Air Pollution[J], *China Economic Review*, 22(3): 383-397.

[56] Cole, M., A. Rayner, and J. Bates. 1997. The Environmental Kuznets Curve: An Empirical Analysis[J], *Environment and Development Economics*, 2(4): 401-416.

[57] De Bruyn S. 1997. Explaining the Environmental Kuznets Curve: Structural Change and International Agreements in Reducing Sulphur Emissions[J], *Environment and Development Economics*, (4): 485-486.

[58] Gene M. Grossman and Alan B. Krueger. 1995. Economic Growth and Environment[J], *The Quarterly Journal of Economics*, 110(2): 353-377.

[59] Grossman and Krueger. 1991. A Environmentahl Impacts of the North American Free Trade Agrement NBER. *Working paper* no 3914.

[60] Grossman G. M., Krueger A. B. 1995. Economic Growth and the Environment[J], *The Quarterly Journal of Economics*, 110(2): 335-377.

[61] He, J., and H. Wang. 2012. Economic Structure, Development Policy and Environmental Quality: An Empirical Analysis of Environmental Kuznets Curve with Chinese Municipal Data [J], *Ecological Economics*, 76: 49-59.

[62] Hilton, F., and A. Levinson. 1998. Factoring the Environmental Kuznets Curve: Evidence from Auto-motive Lead Emissions[J], *Journal of Environmental Economics and Management*, 35(2): 126-141.

[63] Holtz-Eakin D, Selden T M. 1995. Stoking the Fires: CO_2 Emissions and Economic Growth [J]. *Journal of Public Economics*, 57: 85-101.

[64] Jalil, A., and S. F. Mahmud. 2009. Environment Kuznets Curve for CO_2 Emissions: A Co integration Analysis for China[J], *Energy Policy*, 37(12): 5167-5172.

[65] Lopez R. 1994. The Environment as a Factor of Production: The Effects of Economic Growth and Trade Liberalization[J], *Journal of Environmental Economics and Management*, 27: 163 - 184.

[66] Martine, Z. I., and E. A. Bengochea. 2004. Pooled Mean Group Estimation for an Environmental Kuznets Curve for CO_2[J], *Economics Letters*, 82(1): 121-126.

[67] Selden, T., and D. Song. 1994. Environmental Quality and Development: Is There a Kuznets Curve for Air Pollution Emissions? [J], *Journal of Environmental Economics and Management*, 27(2): 147-162.

[68] Stem D. 1998. Progress on the Environmental Kuznets Curve? [J], *Environment and Development Economics*, 3: 175-198.

[69] Stern, N. 2007. *Stern Review on the Economics of Climate Change*. Cambridge, United Kingdom: Cambridge University Press.

[70] Wagner, M. 2008. The Carbon Kuznets Curve: A Cloudy Picture Emitted by Bad Econometrics? [J], *Resource and Energy Economics*, 30(3): 388-408.

[71] Wan Yongkun, Dong Suocheng, Mao Qiliang and Wang Junni. 2013. Causes of Environmental Pollution after Industrial Restructuring in Gansu Province [J], *Journal of resources and ecology*, 4(1): 88-92.

图书在版编目(CIP)数据

环境库兹涅茨曲线的再检验/李鹏著. —上海:复旦大学出版社,2019.10
(上海政法学院建校三十五周年校庆系列丛书)
ISBN 978-7-309-14651-6

Ⅰ.①环… Ⅱ.①李… Ⅲ.①环境经济学-经济增长模型-研究 Ⅳ.①F062.2

中国版本图书馆 CIP 数据核字(2019)第 218735 号

环境库兹涅茨曲线的再检验
李 鹏 著
责任编辑/谢同君

复旦大学出版社有限公司出版发行
上海市国权路 579 号 邮编:200433
网址:fupnet@fudanpress.com http://www.fudanpress.com
门市零售:86-21-65642857 团体订购:86-21-65118853
外埠邮购:86-21-65109143
江阴金马印刷有限公司

开本 787×960 1/16 印张 12.25 字数 196 千
2019 年 10 月第 1 版第 1 次印刷

ISBN 978-7-309-14651-6/F·2625
定价:68.00 元

如有印装质量问题,请向复旦大学出版社有限公司发行部调换。
版权所有 侵权必究